U0851461

高等职业教育高速铁路客运服务专业系列教材

高速铁路客运服务形体训练

张　怡　豆　欣◎主　编
史　歌　潘馨培　姜宇杉◎副主编
汪　洋◎主　审

中国铁道出版社有限公司

2025年·北　京

内 容 简 介

本书为高等职业教育高速铁路客运服务专业系列教材之一。全书强调理论的科学性，突出实践的系统性、规范性，并与高速铁路客运服务岗位要求对接，充分体现校企合作、服务岗位的编写理念。主要包括高速铁路客运服务人员形体理论、高速铁路客运服务人员身体素质训练、高速铁路客运服务人员专业形体训练、高速铁路客运服务人员气质提升训练和高速铁路客运服务人员职业仪态训练五大模块。

本书适合作为高等职业院校高速铁路客运服务专业及相关专业教材，亦可作为铁路相关岗位职工的培训教材及相关专业人员的参考资料。

图书在版编目(CIP)数据

高速铁路客运服务形体训练 / 张怡，豆欣主编. 北京 ：中国铁道出版社有限公司，2025. 8. --（高等职业教育高速铁路客运服务专业系列教材）. -- ISBN 978-7-113-32401-8

Ⅰ. U293.3

中国国家版本馆 CIP 数据核字第 2025PN0172 号

书　　名： 高速铁路客运服务形体训练

作　　者： 张　怡　豆　欣

责任编辑： 悦　彩　　**编辑部电话：**（010）51873206　　**电子邮箱：** sxyuecai@163.com

编辑助理： 李　丹

封面设计： 王镜夷　高博越

责任校对： 安海燕

责任印制： 赵星辰

出版发行： 中国铁道出版社有限公司（100054，北京市西城区右安门西街 8 号）

网　　址： https://www.tdpress.com

印　　刷： 河北京平诚乾印刷有限公司

版　　次： 2025 年 8 月第 1 版　2025 年 8 月第 1 次印刷

开　　本： 787 mm×1 092 mm 1/16　**印张：** 11　**字数：** 270 千

书　　号： ISBN 978-7-113-32401-8

定　　价： 35.00 元

前言

随着我国高速铁路的快速发展，高速铁路客运服务质量逐渐成为旅客关注的焦点。良好的职业形象不仅是高速铁路客运服务人员的必备条件，也是衡量客运服务工作的重要标准。无论站立、行走，还是服务手势，甚至每一个微笑与眼神，都要求客运服务人员带给旅客感官上的融洽和心理上的悦纳，留下深刻的“第一印象”。良好的形象不仅能够展现铁路运输企业高标准、高质量的工作作风与工作态度，还能有效增强旅客的满意度，培养旅客的忠诚度，提升铁路运输企业整体形象。

我国高等职业教育高速铁路客运服务专业不断规范、健康发展，要求持续更新服务理念、提高服务品质，而且需要在人才培养的层次、模式和质量上不断完善与创新，以支持高技能型人才培养体系发展。在此过程中，我们一直密切关注高速铁路客运服务的岗位实践，动态跟踪铁路客运服务在国内的发展趋势，不断深化高速铁路客运服务专业对人才培养的新要求，完善教材内容体系，将人才培养的实际效果与工作岗位的职业发展要求相适应，力求在科学性、系统性和实用性等方面更加贴近企业、服务企业。

本书内容不仅注重思想性建设，还在理论学习基础上更加突出技能实践操作，侧重课后训练效果评估。在每项任务后，都会提出训练评价要求和评价内容，针对训练任务及考查要点进行自评和互评，激发学生的团队协作意识，培养精益求精的工作态度，实现服务技能与服务意识双提升。

本书编写依托“高速铁路客运服务形体训练”课程体系，结合微课视频详细讲解高速铁路客运服务专业形体训练的主要内容。本书共包括 5 个学习模块、18 个学习项目、61 个学习任务，分别针对高速铁路客运服务人员形体理论、身体素质训练、专业形体训练、气质提升训练和职业仪态训练进行介绍，部分训练配有微课视频，可通过扫描二维码获取后学习。本书为智慧职教平台 MOOC 学院“形体训练”课程的配套教材，有音频、视频、课件等数字资源，可通过智慧职教注册、登录后教学使用。本书以工单式考核为主，建立学生自评、组内互评与教师点评的评价模式，通过学情分析，建立有效的训练模式。

本书采用深度校企合作编写模式，由西安铁路职业技术学院张怡和中国铁路西安局集团有限公司西安客运段豆欣任主编，西安铁路职业技术学院史歌、潘馨培和姜宇杉任副主编，中国铁路西安局集团有限公司西安客运段汪洋任主审。具体编写分工如下：史歌编写模块一中的项目一；西安铁路职业技术学院耿乔编写模块一中的项目二、项目三；姜宇杉编写模块二中的项目一、项目二；张怡编写模块二中的项目三、项目四，模块三中的项目一和模块五；潘馨培编写模块三中的项目二和模块四；豆欣编写各模块中的“知识拓展”内容；西安铁路职业技术学院何琦编写各模块中的“铁路客运服务先锋”内容。

由于编者水平有限，书中难免存在不妥之处，敬请读者批评指正。

编　者

2025 年 4 月

目录

模块一　高速铁路客运服务人员形体理论

知识导图

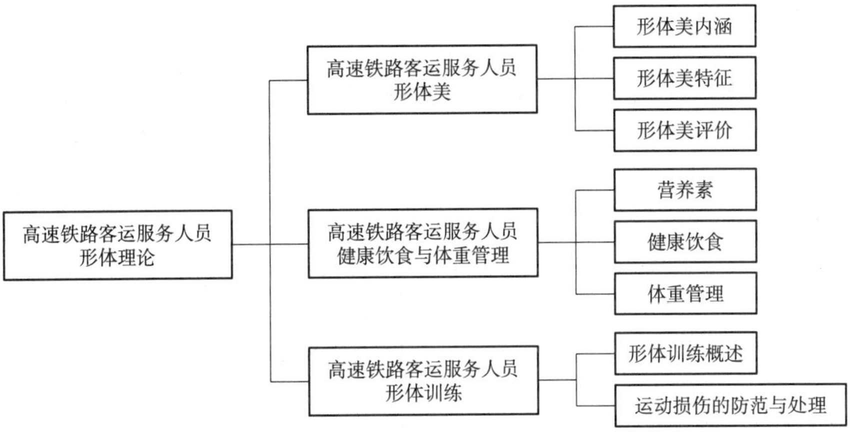

模块概述

本模块主要介绍高速铁路客运服务人员形体理论，包括 3 个项目、8 个任务。在了解客运服务人员形体美的基础上学习健康的饮食方式和科学的体重管理方法。客运服务人员通过了解人体所需的营养素内容学会搭配健康饮食，通过饮食调整体重，使其符合客运服务人员的身体素质要求。了解形体训练的功能与基本要素，建立正确的训练观念，做好运动损伤的防范与处置。

学习目标

1. 素养目标

(1)建立科学的审美观念，提升审美素养。

(2)培养服务旅客的意识和习惯，彰显高速铁路客运服务人员应具备的礼仪素养和职业素质，用良好的礼仪形象提升职业内涵。

(3)培养乐于助人、救死扶伤的职业道德。

2. 知识目标

(1)了解形体美的内涵、特征、评价方式。

(2)掌握健康的饮食方法，学会科学的体重管理方法。

(3)明确高速铁路客运服务人员的职业形体要求，了解运动损伤产生原因及伤后注意事项。

3. 能力目标

(1)能够树立正确的形体美学理念。

(2)能够树立正确的健康生活观念，主动运用科学的饮食方式，建立健康的生活方式。

(3)能够判断运动损伤的症状，掌握处置措施。

项目一　高速铁路客运服务人员形体美

任务引入

形体美主要体现在对人的体形、姿态和动作进行塑造。在塑造过程中，能够感受到动作的造型美、线条美，以及与音乐相契合的律动美。形体美是一种由内而外的美，不仅要展现体形美、姿态美和动作美，还要充分展现气质美。

请思考：

高速铁路客运服务人员在工作过程中如何展现形体美?

任务一　形体美内涵

形体美是人的本质力量在运动实践这个特定领域中的感性显现，它反映的是人与自身及运动的审美关系。具体而言，形体美就是人的身体曲线美，是指人的躯体线条结合情感与品质，并通过形象、姿态展现于欣赏者眼前的一种美。形体美也是由视觉器官感知的空间美，其特点就是感知身体外轮廓线，线的运动构成具有广度和厚度的空间形体。形体美主要包括体形美、姿态美、动作美和气质美。

一、体形美

体形美是一种自然的美，集中表现在身体比例的均衡、对称、和谐等形式上。女性主要以柔美和秀美为美，男性主要以强壮和威严为美。可以被视为匀称、协调、健美的体形，在身长、体重、坐高、颈围、胸围、腰围、臀围和腿围等各个方面都有标准指数，如果一个人各项围度和长度的指数均符合黄金分割规律，就可以被认为是美的。

二、姿态美

姿态是指人在静态或动态中表现出来的身体姿势和举止神情。优美的姿态能表现一个人积极的精神面貌和高雅的气质。姿态美的人不仅举止大方优雅，而且可以表现出极高的艺术品位，能够给人带来赏心悦目的感受。

三、动作美

动作美是运动的健康能力、器官系统机能、表现能力和精神风貌的综合体现，是形体美的外在表现之一。动作美不仅体现在各种舞姿和体育运动等方面，还体现在人们日常生活中。

四、气质美

气质是人的高级神经活动类型特点在行为方式上的表现。通常表现为典型而稳定的个性特点、风格和气度。它将内在的文化素养和艺术修养通过外在的身体动作和语言进行展现，是内在美自然真实的流露。因此，在培养体形美、姿态美、动作美的同时，也需要全面提高文化素质、道德修养、审美品位，才能培养出超凡脱俗的气质美。

综上所述，形体美是融体形美、姿态美、动作美和气质美为一体的协调统一的美。体形美、姿态美、动作美是形体美的外在表现，气质美是形体美的终极目标。

任务二　形体美特征

形体美可分为静态形体美和动态形体美两种，分别具有不同特征。“外修内悟，内修外展”是塑造形体美的指导原则。

一、静态形体美

体形是静态形体美的重要组成部分，包括身高、体重和身体各部位的比例。体形的美与丑主要取决于骨骼的形状、各部分的比例、肌肉的均衡度和脂肪比例。其中，骨骼的长度即纵向指标，宽度和围度即横向指标。骨骼的长度和宽度受遗传因素影响较大，不易改变；围度主要指躯体和肢体的粗细，后天影响较大，可以通过体育锻炼得到调整。骨架涉及长度、宽度和围度，它构成了人体各部位的基本体积，成年以后不易改变，骨架过大虽不影响健康，但也给体形美带来一定的缺憾。肌肉是构成身体曲线美的基础，可以通过体育锻炼改变肌肉的形态和体积，从而弥补骨骼横向指标和骨架的先天缺憾。

二、静态形体美特征

(1)骨骼发育正常，关节不显得粗大突出，体态匀称是关键。

(2)肌肉平均发达，皮下脂肪适当。

(3)五官端正，皮肤细腻有光泽。

(4)双肩对称，男阔女圆。

(5)脊柱正视垂直，侧视曲度正常。

(6)男子胸廓隆起厚实，正面与侧面看略呈“V”形；女子胸部丰满不下垂，侧看有明显曲线。

(7)女子腰细而结实，微呈圆柱形，腹部扁平；男子有腹肌垒块隐现。

(8)臀部圆满适度。

(9)两腿修长，线条柔和，小腿腓部较突出。

(10)踝细，足弓高。

三、动态形体美

人的姿态由行、动、静、情、神五部分组成，贯穿于各种动作始终。动态美是身体各部分配合协调的表现，表现在每个姿势都是最轻便、最适度地完成。

四、动态形体美特征

“站如松、坐如钟、卧如弓、行如风”是对美的站、坐、卧、行姿势准确而形象的概括，也是对各种动态形体的审美标准。与容貌美、身材美相比，动态美更容易被人忽略，但优美的动作往往能弥补容貌、体形的不足。以下为站、行、坐、卧姿态的最基本要求：

1. 站

正确的站姿应该是头、颈、躯干和脚的连线垂直于水平线，挺胸、收腹、梗颈、双臂自然下垂，形成一种优美挺拔的体态。人在站立时要做到挺、直、高，这样，人体脊柱的曲线美也就表现出来了。

2. 行

除保持站立时正确优美的姿态外，还要做到躯干移动正直、平稳，又不僵硬呆板；两臂自然下垂，摆动协调；膝盖正对前方，脚尖微外侧，行走落地时从脚跟过渡到前脚掌，两脚后跟几乎在一条直线上，两脚交替前移的弯曲程度不要太大，步伐稳健均匀。走路时不要养成双肩斜、垂头窝胸、脊柱弯曲等不良姿势，这样，不但形象欠佳，还会造成脊柱后凸或侧弯、驼背等畸形，并会影响心肺功能。

3. 坐

优美的坐姿与站、行一样，要保持挺胸、收腹。四肢的摆放也要规矩端正，不能摆得太开太大，更不能翘起“二郎腿”，东倒西歪。良好的坐姿对于发展健美的体形和保护视力都有好处。多坐硬椅子、少坐沙发，有助于形成正确坐姿。

4. 卧

良好的卧姿能保证心血管及呼吸系统在安静状态下的工作，并有助于消除肌肉的疲劳。人在实际睡眠中往往翻来覆去地变换姿态，为避免心脏受高压，一般建议右侧卧。为避免局部受压发麻甚至出现痉挛的现象，仰卧也是较好的，不要把手放在胸上，以免压迫心脏，使睡眠不安或做噩梦。须注意，晚饭不要吃得太饱，睡前勿喝浓茶，室内空气要流通，睡前可用热水洗脚，不要躺在床上看书。

任务三　形体美评价

形体美是根据个人的身体情况，实现身体各个部分的协调发展，是由健美的身心、标准的体型、优美的姿态融合而成，展现出和谐的整体美。男士侧重于体现阳刚之美，女士侧重于展示曲线美。

意大利画家达·芬奇说过：“美感完全建立在各部分之间神圣的比例关系上。”他的作品《维特鲁威人》展示了人体黄金比例，可见形体美也可以有一定的“定量”化，当今社会由于文化差异，地理环境、审美习惯不同，对于美的评价标准也不相同，因此通过对现代社会人体美的研究，提出以下相对稳定的评价标准：

一、完美的身材比例

人体美的标准主要指五官与身体各部位比例和谐，胖与瘦、高与矮的比例和谐。人体的完美身材比例为黄金分割比例，以肚脐为界，上身与下身的比例为 5∶8。身材围度的计算方法主要依据黄金分割比例，结合不同部位与身高的比例关系，完美比例的计算方法见表 1-1-1。

表 1-1-1 完美比例的计算方法

部 位	完美比例指数
身高	7 个头身
体重/kg	女性标准体重 kg=(身高 cm−70)×60% 男性标准体重 kg=(身高 cm−80)×70%
胸围/cm	约为身高的 50%
腰围/cm	较胸围小约 20%
臀围/cm	臀围约等于胸围
大腿围/cm	较胸围小约 10%
小腿围/cm	较大腿围小约 20%

二、形体美评价标准

身体各部分对称并符合恰当的比例是女性与男性形体美的重要标志，见表 1-1-2、表 1-1-3。

表 1-1-2 女性身体各部位理想形状和比例

部 位		形 状	比 例
颈		修长、线条清晰	颈长应当是脸长的一半，纤细度和长度与肩、上臂比例适中
肩		平、正、对称、不溜肩，可看到锁骨。女子圆润的肩膀，可以突出其秀美的曲线	肩上宽于髋
臂	前臂	平滑、圆润、内外有弧线	与上臂相比为中等大小
	上臂	平滑、收紧时能看到肱二头肌	与全身比例相比大小适中(与上身比较)
胸	胸上	胸至锁骨可以看到比较明显的锁骨线，位置较高	较为丰满，轮廓向外
	胸下	丰满、坚挺富有弹性，可以看到明显的外圆弧形	用 B 号胸罩，适中，曲线优美，表现女性特有的魅力
背		平且两边呈 V 字形至腰	与腰臀相比中等大小
腰	前	脂肪少而平坦、无下垂	腰线在肩部与大腿根部连线的中点，腰线适中，下腹无凸出感，腰围小于臀围
	侧	腰侧与下垂的臂有明显的平稳过渡，曲线呈 V 字形	—
	后	平、窄	—
臀	臀下	臀位高，臀部圆翘，球形上收，从臀下到大腿内侧圆滑	与腰、大腿相比比例适中，大腿后无脂肪堆积
	臀上	臀峰高且圆滑，腰向臀或大腿过渡平而明显	无下垂、脂肪少、大小比例适中

续上表

<table>
<tr><th colspan="2">部　位</th><th>形　状</th><th>比　例</th></tr>
<tr><td rowspan="4">大腿</td><td>前</td><td>表面平滑、有弧形、明显圆滑，向膝过渡有平滑感</td><td rowspan="4">修长而线条柔和，躯干短，腿长，重心高。腿的长度大于或等于肩部到脚底长度的 1/2</td></tr>
<tr><td>内侧</td><td>圆滑平润，双腿并拢时有接触点，两腿分开时中间、上面有弧线</td></tr>
<tr><td>外侧</td><td>平滑、圆润、无明显肌肉</td></tr>
<tr><td>后侧</td><td>有圆滑弧线，臀折线浅，从臀到小腿有明显过渡，无明显的脂肪堆积</td></tr>
<tr><td colspan="2">小腿</td><td>腓肠肌肌肉线条细、平，肌肉体积小</td><td>—</td></tr>
<tr><td colspan="2">膝</td><td>平滑，膝盖周围无多余脂肪，大腿伸直后，膝盖无向上凸出感</td><td>膝与大腿、小腿过渡平滑，无明显外侧凸出感</td></tr>
<tr><td colspan="2">踝与足</td><td>踝细、足弓高</td><td>呈漏斗状，形态美观</td></tr>
</table>

表 1-1-3　男性身材的比例

部　位	比　例
上、下身比例	以肚脐为界，上下身比例应为 5∶8，符合黄金分割定律
胸围	由腋下沿胸部上方最丰满处测量，应为身高的一半
腰围	在正常情况下，测量腰的最细部位，腰围＝胸围－20 cm
髋围	在体前耻骨平行于臀部最大部位测量，髋围＝胸围＋4 cm
大腿围	在大腿的最上部位、臀折线下测量，大腿围＝腰围－10 cm
小腿围	在小腿最丰满处测量，小腿围＝大腿围－20 cm
足颈围	在足颈的最细部位测量，足颈围＝小腿围－10 cm
上臂围	在肩关节与肘关节之间的中部测量，上臂围＝1/2 大腿围
颈围	在颈的中部最细处测量，颈围＝小腿围
肩宽	测量两肩峰之间的距离，肩宽＝1/2 胸围－4 cm

项目二　高速铁路客运服务人员健康饮食与体重管理

任务引入

2025 年 3 月 9 日，国家卫生健康委员会在记者会上“喊话减肥”，并介绍了“体重管理年”行动。“国家喊你减肥”一时间成了网络热门话题。国家希望通过“体重管理年”行动，多种途径普及健康生活方式，共同助力全民健康管理。

请思考：

我国成人超重肥胖率预计 2030 年将达 70.5%，你需要减肥吗？该如何科学减肥？

任务一　营养素

饮食是人体维持生命的基础，为身体提供能量。一个健康的成年人每天要消耗 2 000～

3 000 cal_{15}(1 cal_{15}＝4.185 5 J,后同)热量,在活动量增加或生长发育的特殊时期还会消耗更多的热量。如果不及时加以补充,就可能会影响到身体的抵抗力和正常的生长发育。

一、碳水化合物(糖)

碳水化合物是人体主要能量来源之一,1 g 碳水化合物产生约 4 cal_{15} 热量。人体的中枢神经活动主要依赖于碳水化合物的供给,碳水化合物还能够协助脂肪和蛋白质有效燃烧和利用、保持适当的细胞体液平衡,实现细胞功效最大化。坚持适量食用碳水化合物不仅有助于维持血糖平衡,并且可以减少蛋白质于供能的消耗,使蛋白质更多地用于肌肉合成。

人体对不同碳水化合物的吸收程度不一,见表 1-2-1。摄入吸收程度高的碳水化合物可以导致胰岛素明显上升。胰岛素是一种使血糖降低的激素,可以促进脂肪的合成。长期食用吸收程度高的碳水化合物会使细胞对胰岛素的敏感度降低,导致成年型糖尿病。超重和患有高血压、心脏病的人群应尽量选择吸收程度低的碳水化合物摄入。

表 1-2-1　不同吸收程度的碳水化合物

吸收程度	碳水化合物
高	糖、蜂蜜、玉米、白面包、精制谷类、烤土豆等
中	全麦面包、大米、燕麦、麦麸、豌豆等
低	豆类、水果(苹果、桃、柚子等)、蔬菜等

对于绝大多数成年人来说,运动时和不运动时对碳水化合物的摄入宜有所区别,见表 1-2-2。通过降低饮食中碳水化合物的比例来减少体脂是减重的一个误区,因为体重的增减与摄入的热量总量有关,而与饮食中常量营养素无关。低碳水化合物饮食能够降低体重的原因有两个:低热量摄入和脂体的丢失。所以,减重效果应同日常饮食习惯相关,而非单独严格限制或减少某一种常量营养素的摄入。

表 1-2-2　不同饮食结构

成　分	占总摄入量的百分比/%	
	运动型	普通型
碳水化合物	60～65	45～50
脂肪	20～25	35～40
蛋白质	15	10～15

二、脂肪

脂肪是人体的第二大能量来源,对于维持人体的生命活动有着至关重要的意义。首先脂肪可以储存能量,在人体饥饿或者是禁食的时候是主要的能量来源。脂肪可以给人体供应能量,分布于皮下的脂肪组织可以起到很好的调节体温的目的。脂肪可以防止身体热量的散失,保持正常的体温。内脏周围的脂肪可以起到保护内脏的作用,避免受到外界的冲击。虽然脂肪的生理功能很强大,但是如果体内的脂肪含量过多,很容易诱发高脂血症。高脂血症可能会导致动脉硬化血管狭窄,这个时候很容易诱发出现心脑血管方面的疾病,给人体的生命健康带来巨大的威胁。

研究表明，控制体重者应根据能量平衡所要求的量，遵循健康原则摄入热量，否则会导致过量进食。如果是减脂者，饮食中脂肪提供的热量应低于摄入总热量的30%，20%左右为宜。高脂食品会使身体摄入的热量转变为体脂，无益于减重或保持形体。

三、蛋白质

蛋白质的主要功能是构成和修复身体的组织与结构，同时也参与激素、酶和其他调节性肽的合成。食物中的动物性蛋白或植物性蛋白分子在体内分裂成氨基酸并被吸收。氨基酸是构筑肌肉组织、激素等的基本物质。

健身训练可以增加人体蛋白质含量，力量训练可以增加收缩蛋白。蛋白质的摄入对经常参加运动的人来说非常重要。研究表明，在运动型饮食结构中，每天以蛋白质形式摄入的热量应占总热量的15%。不同类型的人群对蛋白质的需求量见表1-2-3。

表1-2-3　蛋白质的需求量

类　　型	蛋白质占每日消耗量百分比	每日每千克体重所需克数
爱好运动的人	10%	0.8～1.0 g
耐力型运动员	15%	1.2～1.4 g
力量型运动员	17%	1.4～1.8 g

一般食物中的蛋白质含量见表1-2-4。

表1-2-4　一般食物中的蛋白质含量

食物名称	蛋白质含量(每100 g)	食物名称	蛋白质含量(每100 g)
豆腐皮	44.6 g	南瓜子	33.2 g
牛肉干	45.6 g	腐竹	44.6 g
奶豆腐	46.2 g	羊肚菌(干)	26.9 g
鱿鱼	60 g	紫菜(干)	26.7 g
鲍鱼(干)	54.1 g	羊肉串(烤)	26 g
青豆	34.5 g	奶酪(干)	25.7 g
花生仁(生)	24.8 g	黄豆	35 g
蚕豆(去皮)	25.4 g	扁豆	25.3 g
黑豆	36 g	羊蹄筋(生)	34.3 g
虾米	43.7 g	鱼片(干)	46.1 g
鸭掌	26.9 g	海参(干)	50.2 g

四、维生素

维生素和矿物质也被称为微量元素。虽然人体需要的量非常少，但它们对人体的新陈代谢和重要的生理功能起着举足轻重的作用。根据其溶解性质，维生素分为水溶性和脂溶性两大类。

1. 水溶性维生素

水溶性维生素指可溶解于水的维生素。该类维生素有两个主要特点：不在人体内储存，因此必须经常摄取；是构成人体多种酶系的主要辅助成分，参与糖、蛋白质和脂肪等多种物质的代谢。

2. 脂溶性维生素

脂溶性维生素指可以溶解于脂类的维生素，通常与食物中的脂肪一起被吸收。其可在人体肝脏内储存，排泄率不高，脂溶性维生素短期缺乏者难以通过一般的血液指标筛查。

人体中维生素的作用和来源见表 1-2-5。

表 1-2-5　维生素的作用和来源

营养物质		作　用	来　源
水溶性维生素	维生素 B_1	能量制造	猪肉、谷类、豆类
	维生素 B_2	能量制造	牛奶、蛋、鱼、肉、绿叶菜
	烟碱酸	能量制造	坚果、鱼、家禽、谷物
	维生素 B_6	能量制造和蛋白质代谢	肉、绿叶菜、蔬菜、水果
	叶酸	促进生成红、白细胞，支持合成 RNA、DNA、氨基酸	肉、绿叶菜、蔬菜、水果、豆类、坚果
	维生素 B_{12}	支持合成血细胞、RNA、DNA；能量制造	肉类、奶制品、蛋
	维生素 C	促进伤口愈合、形成结缔组织、抗氧化、增强免疫功能	柑橘、蔬菜
脂溶性维生素	维生素 A	维持视力水平、调节免疫功能	奶制品
	维生素 D	维持骨骼、牙齿健康	阳光、鱼、奶制品、蛋
	维生素 E	抗氧化	植物油、坚果、绿叶菜
	维生素 K	凝结血液	肉、绿叶菜、谷类、水果、奶制品

研究表明，维生素对免疫系统发挥出最佳作用十分重要。长时间进行高强度运动、控制体重等情况时，应对维生素营养状况进行检测，并在医生指导下适量补充维生素。

五、矿物质

人体所需的矿物质微量元素包括铁、锌、铜、锰、铬、碘、硒、氟等。它们对人体内正常的细胞活动、激素水平、骨骼健康、肌肉功能、神经活动、酸碱平衡有着十分重要的作用。矿物质主要集中在动物组织和动物性产品中，见表 1-2-6。其中人体比较容易缺乏的是铁、钙和锌。

表 1-2-6　矿物质的作用和来源

矿物质	作　用	来　源
钙	强化骨骼、牙齿，促进凝结血液，支持肌肉收缩	奶制品、豆科植物、蔬菜
氯化物	促进消化，维持细胞外体液平衡	食物中的盐
铬	增强能量制造	豆科植物、谷类、肉类、植物油
铜	促进铁代谢	肉类、水
氟	强化骨骼、牙齿	茶叶、海产品、水
镁	调节甲状腺激素	鱼、奶制品、蔬菜、碘盐
磷	强化骨骼、牙齿，维持酸碱平衡	奶制品、肉类、鱼、家禽、谷类

续上表

矿物质	作　用	来　源
钾	支持神经传导，维持体液和酸碱平衡	绿叶菜、香蕉、肉类、奶制品、土豆、咖啡
硒	抗氧化	海产品、肉类、谷类
钠	支持神经功能，维持体液和酸碱平衡	盐
硫	促进肝脏功能	食物蛋白
锌	增强酵素活性	奶制品、肉类、鱼、家禽、谷类、水果、蔬菜
铁	运输氧	肉类、蛋类、蔬菜和谷类

1. 铁

铁是血红蛋白、肌红蛋白及多种酶的组成成分，是人体必需的矿物元素。铁缺乏最常见的症状是贫血，表现为血红蛋白降低，引起免疫机能减退及某些免疫物质减少。建议日常饮食荤素搭配、膳食平衡，多食用富含维生素 C 的食物。铁缺乏的人群可多吃一些瘦肉、动物肝脏、动物血制品等，以补充优质铁。

2. 钙

钙是骨骼和牙齿的主要成分。对于爱好运动的人来说，钙尤为重要。进行适当的负重训练并保证钙的摄入能够使骨骼强壮。人们在进行身体锻炼时，要控制好运动强度，最好在有氧运动范围内，同时注意加强钙的摄入，这样才能防止骨质流失。

3. 锌

锌是代谢酶的成分之一，是动植物必需的元素之一。人体缺锌时会出现味觉迟缓、生长缓慢、皮肤改变、免疫机能异常等症状。

六、水

水是生命之源。成年人体内水分占体重的比例约为 60%。当人体常量营养素、维生素、矿物质缺乏时，仍能存活几周甚至几年，当人体一旦没有水，仅能存活几天。

摄入充足水分能够增强内分泌功能、肝功能，提高能量供应中脂肪的利用率、减少能量摄入，提高新陈代谢、全身分配营养物质，调节体温、维持血容量等。

脱水会造成人体血容量减少、运动能力下降、血压下降、出汗少、中心体温升高、心率增加、皮肤血流量减少、易疲劳、肌糖原利用增加。

科学研究表明：减重者不应采用减少水分摄入的方法来减轻体重，反而应增加水分摄入，每日饮水总量应达到 2～2.5 L；如果因锻炼出汗而体重减轻，应尽快把失去的水分补充回来。

任务二　健康饮食

一、健康的饮食观念

健康的饮食包括水果和蔬菜，全谷类和淀粉，优质脂肪和瘦肉蛋白质等各个品类的科学组合，健康饮食不能吃得太咸或甜。这里提供一些饮食的健康观念。

(1)控制饮食总量。在吃饱的基础上，适当减少饮食总量，但要因人而异，通常可以减少总量的10%～15%。

(2)保证饮食质量。均衡摄入鱼类、禽类、蛋类、牛奶、豆类、果蔬等营养食品，从而保证人体的营养需求。

(3)清淡饮食。过多的盐会造成“水钠潴留”，增加患高血压的风险，同时还会增加肾脏的负担。

(4)食物多样化。食物的品种多一点，要荤素、粗细搭配，确保能够满足人体的需要。

(5)食物易消化。食物要煮得烂一些，便于人体消化吸收。对于粗粮应该精心制作，确保充分吸收。

(6)食物温度适宜。避免食用冷食，以免伤害消化器官，尤其在寒冷天气中。同时食物不宜过烫，以免烫伤食管。

(7)细嚼慢咽。细嚼慢咽是有利于健康的，人体的唾液还有抗癌作用。

(8)增加果蔬摄入。水果含有多种维生素，只要血糖正常即可食用。糖尿病患者在控制好血糖和总能量的前提下，也可适量食用。为预防癌症和心血管疾病，需保证蔬菜的摄入量。

(9)重视早餐。人们常说：“早餐要好，午餐要饱，晚餐要少。”这是很有道理的。早餐吃得好，能给全天提供能量，一天都精力充沛。

(10)晚餐要早。晚餐不但要少，还要早，以便充分消化食物，利于睡眠，同时可减小高脂血症和心脑血管疾病的风险。

二、轻食

“轻食”不是一种特定的食物，而是任意食物的一种形态，“轻”的不只是餐品，更是令食用者无负担，无压力。

过量饮食对人身健康的影响首先是伤肠胃。若经常一日三餐过量摄入，食物长时间停留在胃肠道，使其负荷过重，容易引发胃肠病。同时，长期吃得太多、太好，首先会极大地增加消化系统的负担，引起消化不良。其次易致肥胖。“鱼生热，肉生痰”，长期过量饮食，特别是过多进食大鱼大肉等荤食，摄入的热量过剩，日积月累，自然就会发胖。还有高血脂、高血压、高血糖、糖尿病、癌症、骨质疏松等疾病都与过量饮食有着密切的关系。所以，有关专家从实验中得到的结论是：八分饱，保健康。十分饱中剩下的“二分”不但不会给人们的健康加分，反而会减寿。

“轻食”的原始概念是果腹、止饥、分量不多，低糖、低脂、低盐更是轻食的准则。三明治(图1-2-1)是代表。近几年在年轻人中开始流行饮食健康，生菜沙拉(图1-2-2)是较早登上健康轻食食谱的菜单。

图1-2-1　三明治

图1-2-2　生菜沙拉

三、减脂餐

减脂餐是指经过科学搭配的餐食，降低热量摄入，帮助身体将多余脂肪代谢出来，这也是健康的瘦身饮食方式之一。对于一些体重过大的同学不仅要注意建立健康的饮食习惯，而且要做一些有效的饮食管理。在此提供一份高效的减脂食谱(图 1-2-3)以供参考。

1. 高效减脂食谱搭配

(1)早餐：主食、鸡蛋、牛奶。

(2)午餐：主食、肉类、蔬菜。

(3)晚餐：主食、蔬菜。

2. 高效减脂食谱食物选择

(1)主食：杂粮饭、糙米饭、红薯、玉米、土豆、紫薯、南瓜，以及低升糖指数、高膳食纤维、低热量的面条等。

(2)肉类：瘦肉、牛肉、鱼虾类、去皮鸡鸭肉。

(3)蔬菜：绿叶菜、十字花科类(花菜、西兰花)、菌菇类。

(a)

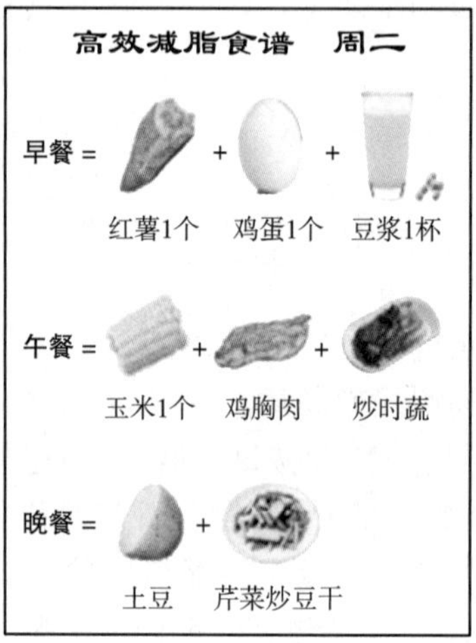

(b)

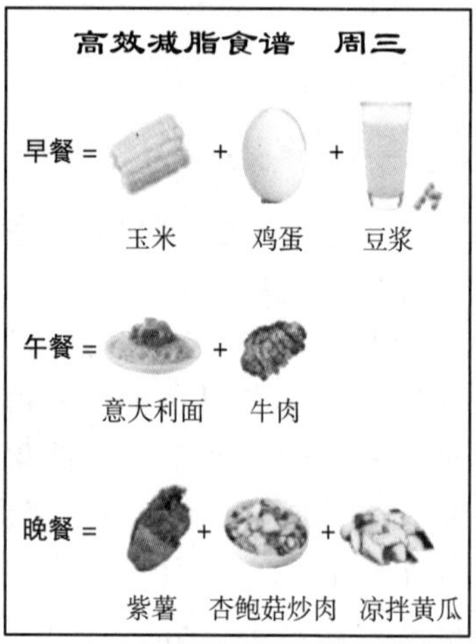

(c)

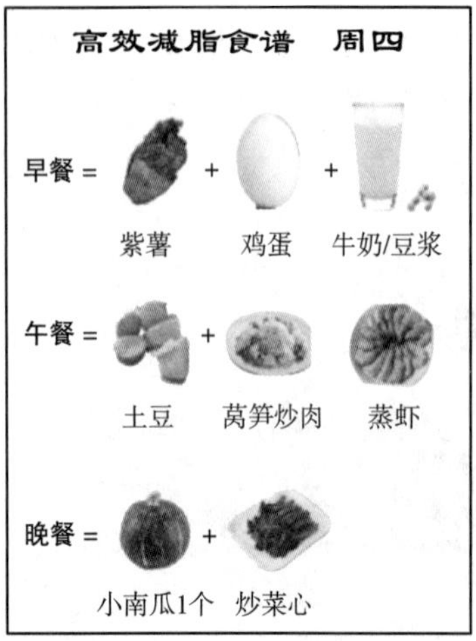

(d)

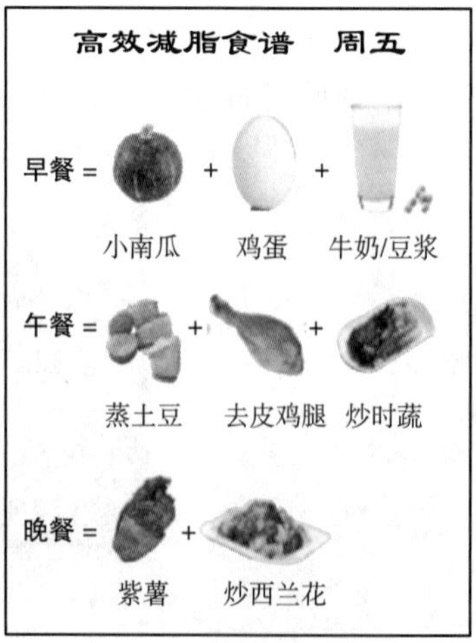

(e)

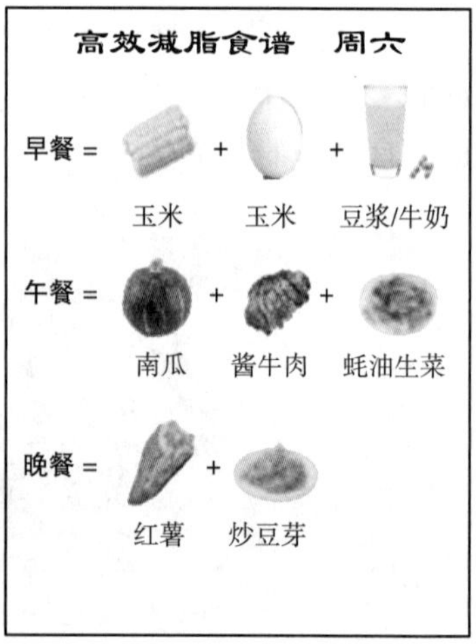

(f)

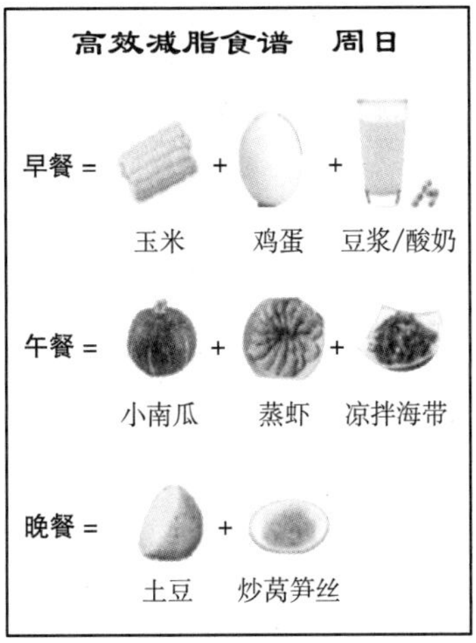

(g)

图 1-2-3　减脂食谱

四、食物热量

只有了解食物所含热量，才能有计划地选择食物，合理控制热量摄入。在选配食物热量时可参照表 1-2-7。

表 1-2-7　各种食物含热量　　单位：kcal_{15}/100 g

食物种类	食物名称	热量	食物种类	食物名称	热量	食物种类	食物名称	热量
谷物	灿米	350	叶菜类	空心菜	28	干果及硬果类	丁核桃仁	669
	粳米	347		苋菜	34	干豆类	黄豆	411
	糯米	347	瓜及茄类	西红柿	13		绿豆	332
	小麦粉	352		茄子	22		赤豆	319
	高粱米	361		辣椒	24		蚕豆	316
	玉米面	363		南瓜	29	咸菜	腌雪里蕻	21
鲜豆类	毛豆	134		丝瓜	27		泡青菜	37
	豌豆	80		冬瓜	10		榨菜	54
	煮蚕豆	37		黄瓜	13		咸萝卜干	106
	四季豆	31		西瓜	21		腌大头菜	101
叶菜类	大白菜	19		苦瓜	17	乳品类	牛乳	66
	油菜	25	干果及硬果类	干红枣	309		羊乳	59
	卷心菜	24		柿饼	291		代乳粉	394
	菠菜	18		葡萄干	293	水产类	黄鱼	78
	莴苣笋	11		桂圆	282		带鱼	139
	莴苣叶	25		花生米	546		青鱼	125
	韭菜	30		炒南瓜子	519		草鱼	110
	芹菜	20		炒葵花子	628		鲢鱼	118

续上表

食物种类	食物名称	热量	食物种类	食物名称	热量	食物种类	食物名称	热量
水产类	鳜鱼	106	油脂及调味品	醋	22	根茎类	红薯地瓜	172
	墨鱼	64	豆制品类	黄豆芽	47		土豆	78
	黄鳝	83		绿豆芽	30		白萝卜	26
	海鳗	94		豆腐	41(南方)		芋头	78
	河虾	75		豆腐	70(北方)		胡萝卜	34
	河蟹	82		面筋	95	肉类	肥猪肉	829
	田螺	70		豆腐干	172		瘦猪肉	330
蛋类	鸡蛋	166	鲜果类	橘子	53		腊肉	267
	鸭蛋	186		橙子	39		猪肾	105
	松花蛋	182		苹果	62		猪肝	128
家禽类	鸡	104		梨	40		肥牛肉	267
	鸡肝	111		桃	32		瘦牛肉	143
	鸭	134		李子	40		肥瘦牛肉	270
	鸭肝	138		柿子	48		牛肝	135
	鹅	144		枣	103		牛肾	86
油脂及调味品	猪油	591		荔枝	64		肥瘦羊肉	367
	植物油	900		枇杷	29		羊肝	155
	白糖	397		香蕉	90	食用菌	鲜蘑菇	25
	酱油	76		甘蔗	53		黑木耳	304

任务三　体重管理

一、管理体重的科学观念

2025 年 3 月 9 日国家卫生健康委员会表示，将持续推进体重管理年行动，普及健康生活方式。通常情况体重与身高存在极其密切的关系。为此，根据世界卫生组织提供的男性与女性的标准体重公式(详见表 1-1-1)，我们可以初步判断自己的体重是否合理。

体重异常容易导致高血压、糖尿病、心脑血管疾病、脂肪肝，甚至一部分的癌症也和体重异常有一定的关联。判断一个人的体重是否正常并不是一件简单的事情，个子高低用皮尺丈量便知分晓，但体重是并不能只依靠体重秤的。

“肥胖”是指身体积蓄过多脂肪的一种状态。那么达到什么样的程度算是肥胖呢？BMI 是身体质量指数，是国际上常用的衡量人体胖瘦程度，以及是否健康的一个指标。当我们需要比较及分析一个人的体重相对于自身的身高所带来的健康影响时，BMI 是一个中立而可靠的指标。

$$BMI = 体重 \div 身高^2(体重单位:kg;身高单位:m)$$

BMI 参考标准：$BMI < 18.5\ kg/m^2$ 为体重过低；$18.5\ kg/m^2 \leqslant BMI < 24\ kg/m^2$ 为正常；

24 $kg/m^2 \leqslant BMI < 28\ kg/m^2$ 为超重；$BMI > 28\ kg/m^2$ 为肥胖。

想要科学地管理体重，应建立以下三种观念：

（1）肥胖即为脂肪率过高。肥胖并非单指体重过高，而是指异常或过量的脂肪积累。衡量是否肥胖需要通过测量脂肪组织在身体中所占的比例——脂肪率来判断。

（2）减肥通常指减脂。以脂肪率作为指标可以更好地检验减肥效果和减肥方向。

（3）减肥不等同于减重。体重的变化受到很多因素的影响，以减轻体重指数作为减肥目的，往往会导致减肥出现偏差。单纯地追求体重指数下降会导致人们采用快速减重的方法，而这些方法大多减的是肌肉和水分，这样的减肥很容易发生反弹。因此，减肥期间不能单纯追求体重指数的降低。

二、造成肥胖的原因

国家卫生健康委员会面向公众发布的《体重管理指导原则（2024 年版）》指出，有研究预测，如果得不到有效遏制，2030 年我国成人超重肥胖率将达到 70.5%，儿童超重肥胖率将达到 31.8%。造成肥胖的因素有很多，其中包括遗传因素、能量消耗减少、精神因素和病理性因素，究其原因主要还是人体摄入的总热量超过消耗的热量。

1. 遗传因素

研究发现，肥胖的发生率与遗传密切相关。如果父母体重正常，其子女肥胖的发生率约为 10%；若父母中一方肥胖，其子女肥胖发生率就会上升至 40%～50%；如果双亲都肥胖，其子女肥胖发生率高达 70%～80%。遗传学研究还发现，人类肥胖遗传因素占比为 40%～80%，这就意味着一个人肥胖与否有 40%～80%是受遗传影响的，后天努力可以控制的部分占 20%～60%。

2. 能量消耗减少

单纯性肥胖的主要原因是“吃多、动少”，其中“动少”是关键因素。研究发现，肥胖学生在体育课上大部分时间都是站着不动，而体重正常的学生则非常活跃，大多数时间都在进行剧烈运动。这种运动量的差异导致肥胖学生能量消耗减少，导致脂肪堆积。

3. 精神因素

饱食中枢和饥饿中枢是控制食欲的中枢神经，食欲受神经影响极大。通常情况下，情绪激动时，神经兴奋会刺激饥饿中枢，导致食欲旺盛并过度进食。此外，精神忧虑或情绪不佳时，人们往往会通过大量进食来发泄，寻求慰藉，这些行为都可能导致肥胖。

4. 病理性因素

某些疾病或药物的使用也会造成肥胖。例如，下丘脑性肥胖、高胰岛素性肥胖及肿瘤压迫影响食欲中枢等情况，都可能引发过度进食和肥胖。此外，服用某些激素类药物、抗精神病类药物或不当使用避孕药物，也可导致肥胖的发生。

5. 导致肥胖的不良习惯

（1）一天内饮用两瓶以上的果汁或饮料。

（2）喜欢吃西餐、肥肉、火锅和酸辣有味的食物。

（3）吃饭速度过快，餐后吃甜点。

(4)午餐后很快进入睡眠状态。

(5)很晚休息,有吃夜宵的习惯,用餐后 1 h 之内就睡觉。

(6)包里常备饼干、糖果,家里常有点心或甜品。

(7)假期喜欢待在家里躺着,经常吃小食品。

(8)曾有过减肥成功却又胖回来的情形。

(9)每天以坐为主,没有运动习惯。

三、体重管理的科学方法

我国的膳食热量主要来自粮食,因此减少热量摄入最主要的办法是减少主食,但减少主食的同时应及时补充富含蛋白质的食物。经常食用奶及奶制品、瘦肉、鱼、蛋、蔬菜和水果这类食品能保证机体的各种营养成分的需要,同时能控制体重。

合理饮食的总体要求是每天摄入的能量与消耗的能量要大体相抵,在每天所摄入的有限食物中尽可能含有丰富的营养素。在摄入人体必需的营养前提下适当控制饮食,但要避免过度节食。以下是减肥瘦身的几个误区及其原因:

(1)不吃早餐、晚餐,只吃午餐。以为不吃早餐、晚餐能减少热量的摄入,从而达到减肥的目的,殊不知不吃早餐和晚餐对人体伤害极大,无益健康。

(2)过度节食。任何时候少吃都是减肥的必要前提,但是少吃不等于不吃。过度节食会造成厌食症,影响身体各方面机能,也失去了减肥的真正意义。

(3)不吃任何有营养的食物。不吃含有丰富蛋白质的肉、蛋、鱼、淀粉等,认为这些食物会导致脂肪增长,只吃水果和未烹饪的蔬菜。这样会导致必要的营养和热量摄入减少。

(4)固定食谱。尽管每日三餐不少,但不变化食谱。这样做固然减少了一些热量的摄入,但久而久之会使身体缺少全面的营养,有害无益。

(5)以药物代替天然食品。以服用营养品、维生素类药物代替日常饮食中应该摄取的营养。这样不仅无法为身体提供全面均衡的营养,而且还可能诱发代谢紊乱、器官损伤等风险。

(6)药物减肥。许多人喝减肥茶、吃减肥药,可能确实能使身体苗条一些,但往往药物停止后,体重反弹会更快。

项目三　高速铁路客运服务人员形体训练

任务引入

形体训练对培养高速铁路客运服务人员的形象气质有积极的提升作用,但训练过程可能会发生运动损伤,应学会预防和处理。

请思考:

假如某同学在形体训练课上不小心拉伤了腿部肌肉,你该如何帮助他?

任务一　形体训练概述

一、形体训练的功能

形体训练是根据人体生理结构的特点科学组编训练动作而成的健身项目，主要以挺拔向上、舒展灵活的舞蹈动作为基础。高速铁路客运服务人员通过形体训练塑造良好的形体形象，培养高雅的气质，促进身心健康，进一步提高铁路运输企业的服务质量。对高速铁路客运服务人员来说，形体训练主要具备增强自信、健康身心；修炼气质、陶冶情操；锤炼毅力、积极进取等多种功能。

1. 增强自信、健康身心

形体训练不仅是一种运动，更是一种经过提炼加工、风格化、韵律化的艺术化运动。训练者的自身形体在节奏的律动中不仅可以进行最直接、最实质、最强烈、最充足的运动，而且能够充分感受自我存在的生命活力，在内情外化的艺术活动中，展现形体之美、气韵之美，体会身心合一的美感，所以形体训练是高速铁路客运服务人员职业生涯发展中的重要内容之一。

2. 修炼气质、陶冶情操

形体训练以芭蕾舞基本功为基础，经过提炼和加工，形成一种更加易学、易练的非专业训练方式。其训练的内容、方法及过程遵循专业舞蹈的普遍要求。

形体训练大多采用静力性活动和控制能力的练习，通过肌肉的紧张和收缩保持特定姿势，如良好的站立姿态要求头部端正、两眼平视、下颌微收、双肩后沉、挺胸收腹、夹臀立腰、双膝伸直、脚跟并拢、脚尖外开 40°，这种姿态给人一种优雅、含蓄且彬彬有礼的感觉，从而实现修炼气质，塑造仪表的效果。

此外，训练中“脚”与“脊背”的作用至关重要。这种身姿要求和训练方法，充分体现了高贵、文雅、舒朗的气质，给人以欣赏的愉悦，陶冶情操，实现内外兼修。

3. 锤炼毅力、积极进取

形体训练是一门将技术性、艺术性、实用性融为一体的科学课程，训练者必须通过循序渐进、持之以恒地艰苦训练，克服自身惰性，才能达到理想效果。“开、绷、直、立”的审美标准充分体现了形体训练的高难度，其核心在于保持身体的垂直和平衡。为了掌握这种特性，训练者必须付出坚定的毅力和决心，在美的熏陶中磨炼自己。

对高速铁路客运服务人员而言，进行形体训练不仅激励从业者追求更高的精神境界和工作目标，还通过团队训练强化集体意识，提高内聚力和归属感，从而激发其积极进取的力量。

二、形体训练基本要素

形体训练拥有一套科学规范的规格要求和训练法则。形体训练的基本要素可简单概括为“开、绷、直、立”四个字。这四字要素来自芭蕾舞姿的五个脚位、七个手位及若干固定舞姿。

1. 开

“开”指脚、踝、髋、肩关节向人体两侧外开，尤其是两脚应该向外打开180°。这样可以最大限度地舒展人体线条，扩大动作范围，增强表现力，提高身体平衡感。肩关节的外开不仅有利于后背的挺直与收紧，还能给人增添一种高昂的精神与气质。

形体训练中的“开”具有一定难度，要求从髋关节到膝关节、踝关节、脚趾尖全部打开。切忌在容易打开的部位过度用力，而忽略难以打开的部位，这样容易造成身体上下扭曲，进而引发肌肉或韧带拉伤。

2. 绷

“绷”是指训练者将肢体各部位“绷”起来，特别是踝关节和膝关节。通过此项训练可以拉长腿的长度，有效延长肢体原有的线条，展现肢体的流线型美感；增强踝关节到脚趾关节绷脚的灵敏性，使动作灵活利落；将肢体各个部位的肌肉能量向身体的中心凝聚，从而产生上升的动势，强化肢体的轻盈感。

值得注意的是，在初始练习阶段，经常会出现绷脚背不绷脚趾，或只绷脚趾不绷脚背的现象，这些都不符合规范的动作要求。绷脚必须从踝关节开始，把力量集中到脚趾，让脚趾去找脚心，这样脚背脚趾绷得越紧，膝盖就会越直。

3. 直

“直”是形体训练中的整体概念，要求训练者身体挺拔直立，膝盖必须收紧，不得塌腰撅臀或挺胸凸肚。训练中要求人体的“直”有两个目的：一是从精神气质方面，使人有一种神采奕奕和潇洒帅气的精气神；二是从技术训练方面，直立可以使人的重心保持垂直，避免左摇右晃，实现动作连贯。

4. 立

“立”指立腰。它起着提升的作用，使训练者整个身体重心上提，具有一种轻盈、敏捷和精神气质上的美。

任务二　运动损伤的防范与处理

一、导致运动损伤的原因

运动损伤是指在体育锻炼过程中出现的骨骼或肌肉关节受损。运动损伤分为急性损伤和慢性损伤两种。急性损伤是指扭伤、拉伤、骨折，包括发生脑震荡；慢性损伤是指每次运动都会产生的微小损伤，多次累计叠加产生的慢性损伤。造成损伤的原因大概有练习前的热身运动和练习后的放松活动没有得到足够重视；训练运动量过大，造成身体疲劳；训练服装和鞋子不合适；没有按照科学的正确的方式进行运动；练习场地与运动器材不合适，例如跑步时的跑鞋不合适，防滑性能不好；缺少必备的营养供应等。

二、常见运动损伤的症状及处置措施

1. 擦伤

擦伤指锻炼时因皮肤受挫而出现开裂、出血或组织液渗出等情况。如果擦伤面积较小，可用红药水涂抹伤口即可，不必包扎。若擦伤面积较大，则需先用生理盐水洗净再涂抹红药水，然后覆盖消毒布，最后用纱布包扎。如出现撕裂，则必须到医院进行缝合手术。

2. 挫伤

挫伤是练习者相互碰撞或撞击器械所致。如果出现红肿、皮下出血和疼痛等情况，属于一般性挫伤；如果有出虚汗、脸色苍白、头晕等症状，则可能属于内脏器官受到损伤，重症者还会出现休克。处理一般性挫伤需在 24 h 内先冷敷患处，再将伤肢抬高，必要时加压包扎。待过 24 h 后，可进行热敷、按摩。若是内脏受到损伤，应及时送医院治疗。

3. 拉伤

拉伤是指在外力的直接或间接作用下，由于肌肉过度主动收缩或被动拉长时造成的损伤。受伤后伤处疼痛、局部肿胀、压痛，严重者肌肉功能减弱或丧失。拉伤分为前期、中期、后期三个处理阶段：前期需局部冷敷、加压包扎、抬高伤肢，24 h 后拆除包扎，视伤情处理；中期进行热疗、按摩、拔罐、药物、早期功能锻炼等；后期则多进行按摩理疗和功能锻炼。

4. 肌肉痉挛

肌肉痉挛是一种强直性肌肉收缩且不能缓解放松的现象，又称抽筋。常发生在腿部的腓肠肌、屈拇肌和屈趾肌三个部位。多数为温度较低所致，训练前的准备活动不充分或衣着单薄，小腿肌肉受到低温刺激，肌肉不适应剧烈运动时会出现肌肉痉挛，因此，通常避免肌肉痉挛的方法是注意保暖。若已经发生肌肉痉挛，应对痉挛部位用力加以牵引：如坐在地上用抽筋的同侧手扶住抽筋腿的膝盖，另一只手把小腿下部用力向上抬，拉伸肌肉；或用力按摩，反复推、揉和搓抽筋部位，同时用热毛巾、热水袋热敷，也可以缓解肌肉痉挛。

5. 关节韧带损伤

关节韧带损伤以肩关节、踝关节、髌骨、腰部关节的韧带损伤最为常见。在高低不平的场地上活动、准备活动不足时均，易导致踝关节发生内翻而造成外侧副韧带的扭伤、断裂、骨折；徒手训练中手臂或腿部摆幅过大会造成肩关节和腰部受伤；错误的训练动作会造成手腕或腿部关节损伤。关节韧带损伤一般表现为压痛或疼痛，急性期有肿胀和皮下淤血或关节功能发生障碍等状况。关节韧带损伤的处理方法通常为 24 h 内先冷敷患处，将伤肢抬高，必要时加压包扎；24 h 后可采用理疗、按摩和针灸等方法缓解疼痛。待疼痛减轻后，可增加功能性练习。对急性腰部扭伤，切忌轻易扶动，应让患者平躺，并用担架送医院诊治。处理后应卧硬板床，在腰下垫枕头使腰部肌肉韧带处于放松状态，以此促进治疗效果。

6. 关节脱位

关节脱位又称脱臼，因受外力作用使关节失去正常的连接关系。关节脱位分为完全性脱位和错位两种。关节脱位后常出现关节畸形、疼痛剧　、压痛明显、关节周围肿胀，同时伴有关节功能丧失、肌肉痉挛甚至休克状况。关节脱位后应先用夹板或三角巾固定伤肢，并尽快送至医院。如没有整复技术和经验，切忌随意做复位动作，以免加重伤情。

7. 骨折

身体某部位受到直接或间接的外力撞击时可造成骨折。肱骨骨折、尺桡骨骨折、手指骨折、小腿骨折、肋骨骨折是较为常见的状况。骨折后训练者会出现患处肿胀、疼痛难忍、功能消失、肌肉痉挛、骨折部位畸形等情形，严重时伴有出血和神经损伤，甚至发烧及休克。骨折后切忌随意移动肢体，应先用夹板或其他代用品固定伤肢。若出现休克应先进行人工呼吸；若伴有伤口出血，应止血并及时送至医院。

三、预防运动损伤的措施

由于气温、场地条件、运动量等因素影响，训练者在训练中发生运动损伤不可完全避免，可以从以下四个方面加强重视，降低受伤概率。

1. 做好准备活动

运动前一定要认真做好准备活动，尤其是容易受伤的部位，要做一些相应的辅助性活动。由于男性身体力量较强而女性身体柔韧性较好，所以男女受伤的类型往往不同。训练者应根据自身状况选择适合的训练方法和强度，这是减少受伤概率的关键。

2. 选择合适的场地

不要在高低不平的场地进行活动，当活动场地面不平整时，要将活动节奏放慢。不宜在坚硬的地面上反复进行跑跳练习。

3. 正确呼吸

呼吸时尽量用鼻子吸气。在冬天，用鼻子吸气可以避免冷空气直接进入刺激呼吸道。若口鼻同时吸气时，要将舌尖卷起，轻轻顶住上颚，让空气从舌的两侧进入，对进入的冷空气起到预热的作用，减少对身体的刺激，呼气时用嘴巴慢慢呼出。

4. 避免过度疲劳

进行运动前要保证充足的睡眠，遵从来自身体的感受。当身体感到疲劳时应停止训练，以免继续训练时出现运动损伤。疲劳的先兆是肌肉、肌腱或关节出现疼痛或肿胀；过度疲劳的征兆是四肢无力、肌肉不由自主地出现抖动现象、肌肉麻木和肌肉发烫。

四、运动训练后的注意事项

(1)训练后不要急于进食、进水。一般情况下，运动后间隔 10 min 可以进水，30 min 后可以进食，如果是较剧烈的运动，间隔的时间还要长一些。

(2)在运动中或运动后应科学补水，遵循“少量多次”的原则。

(3)剧烈运动后切勿立即坐下休息，应当做一些慢走等放松运动。

(4)训练后可以采用压腿、展体等被动性牵拉等方法使肌肉充分伸展和放松，改善肌肉组织的血液循环，缓解肌肉紧张，尽快恢复肌肉状态。

(5)出现肌肉酸痛后不要停止锻炼，应继续坚持锻炼，有助于加快血液循环，消除肌肉疼痛。可将运动强度减小，缩短运动时间，多做一些伸展性练习，坚持几天酸痛感就会消失。

学习小结

通过学习形体理论概述，对形体美相关内容有了清晰的认识，科学地认识了肥胖和健康瘦身等相关问题，能够调整科学合理的饮食结构，实现科学健身。训练前应做好充分的热身准备，避免在训练中造成不必要的损伤。了解造成训练损伤的原因及处置方法，是保证训练顺利进行的必要条件。

知识拓展

高速铁路客运服务岗位规范流程——动力集中型动车组列车列车员作业流程

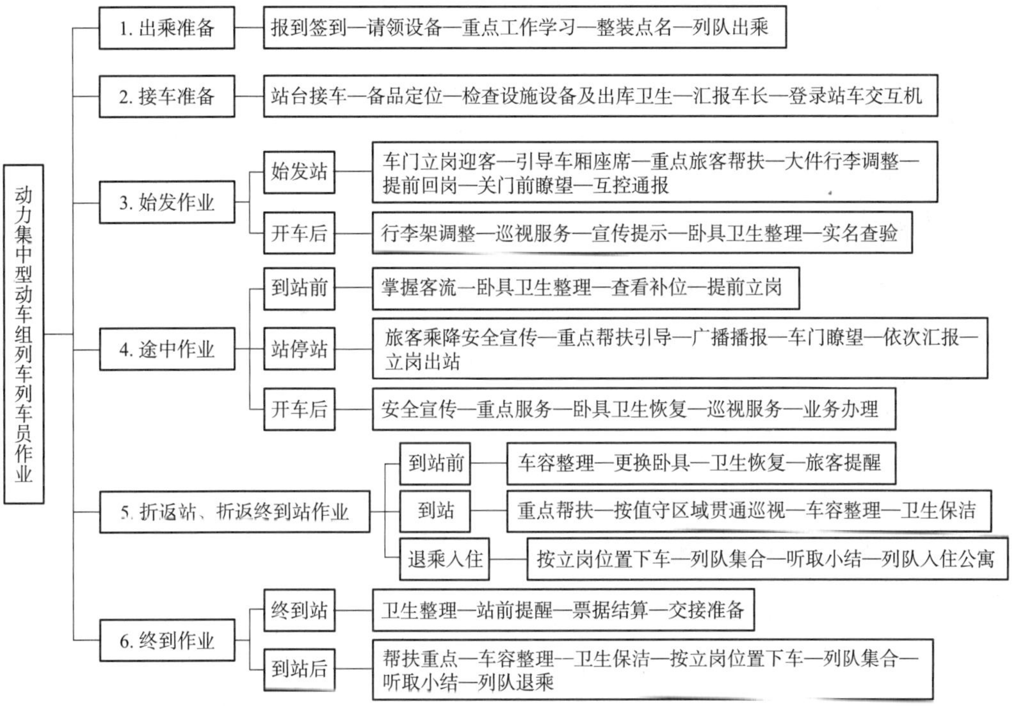

铁路客运服务先锋

“最美铁路人”阿西阿呷

阿西阿呷，成都局集团公司成都客运段5633/5634次列车长。她值乘的“慢火车”开行近半个世纪，已经成为沿线老百姓的“致富车”。她是民族团结的宣讲员，组织同事学习彝语，掌握民族风俗禁忌，解答各种疑惑。她坚守在平凡岗位，成就不凡的人生。

当一列列动车组列车在中国大地上飞驰的时候，一趟平均时速仅为40 km的“慢火车”悠悠地穿行在大凉山深处。这趟车的旅客90%是彝族老乡。自1970年7月1日成昆铁路通车以来，“慢火车”已经开行50多个年头，成为沿线群众出行最重要的交通工具，最低票价只要2元，平均每公里不到8分钱。阿西阿呷是这趟车的列车长，面对父亲的嘱托和乡亲们的深厚情谊，她自1996年参加工作以来，数十年如一日，坚守在“慢火车”上为彝族老乡服务，被誉为大凉山美丽的索玛花。

她用自己的坚守服务大凉山群众，二十多年没有更换的手机号码成了彝族老乡的求助热线，只要接到电话，她定会伸出援手。她是彝族老乡出行的贴心人，把数十年的光阴无私奉献给了大凉山群众，用自己的坚守全心全意地为大凉山彝族群众服务。

她值乘的“慢火车”数十年往返于大凉山，在海拔近千米的铁道线上真诚地为沿线彝族旅客服务，用浓浓关爱凝聚温情，用不忘“人民铁路为人民”的初心，载着大凉山的彝族旅客，不断奔向美好幸福的新生活。

“一辈子一趟车”，在这趟承载大凉山乡亲希望的“慢火车”上，阿西阿呷以真情守护出行。她说自己没做什么轰轰烈烈的大事，有付出同时也有很多收获。这些年，她看着“慢火车”的硬件、软件越来越好，彝族孩子们长大了、出去读书了、又回来了，看着大凉山日新月异的变化，心里特别有满足感。

阿西阿呷只是铁路客运服务岗位上的平凡一员，还有千千万万个像她一样的铁路人守岗尽责，用行动践行为人民服务的承诺。他们没有豪言壮语，只是在自己普通的工作中默默奉献，在自己的岗位中默默坚守。他们是铁路上的“小人物”，却在看似寻常的岗位上书写不凡的事迹，谱写优美的旋律。

同步思考与技能训练

1. 简述形体美的概念及内涵。
2. 简述形体美的评价标准。
3. 请根据健康饮食的相关知识，思考个人在日常生活中存在哪些不好的饮食习惯。
4. 请为自己制订一份健康合理的食谱，观察并记录一个月后的变化。
5. 请问在你参加的运动活动中，有没有遇到过受伤的情况，是如何处理的？

模块二　高速铁路客运服务人员身体素质训练

知识导图

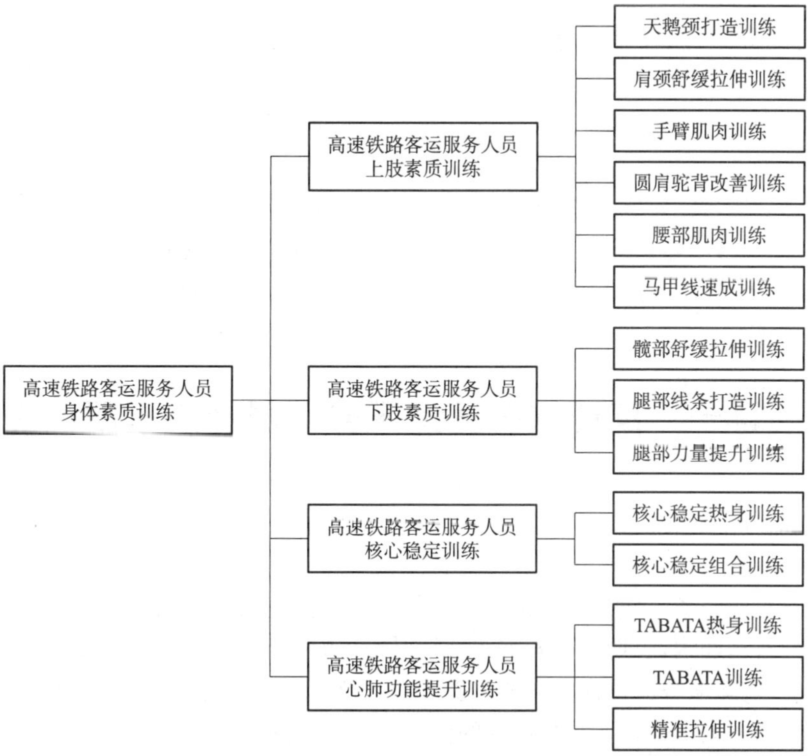

模块概述

本模块主要介绍高速铁路客运服务人员提高身体素质的相关技能训练，包括 4 个项目、14 个任务，每项任务可通过训练评价进行自评与互评总结。在了解高速铁路客运服务人员工作场景基础上领会良好的身体素质在客运服务工作中的意义与作用，掌握上肢素质训练、下肢素质训练、核心稳定训练和心肺功能提升训练的方法，了解优秀的身体素质是高效完成客运服务工作的基础。

学习目标

1. 素养目标

(1)建立科学的审美观念,提升审美素养。

(2)培养服务旅客的意识和习惯,彰显高速铁路客运服务人员应具备的礼仪素养和职业素质,用良好的礼仪形象提升职业内涵。

(3)培养吃苦耐劳、严谨细致的工作作风。

2. 知识目标

(1)了解肩颈、腰腹、臀腿等身体各部位训练的意义和注意事项,核心稳定训练和心肺功能提升训练的动作标准和训练方法。

(2)明确上肢与下肢素质训练、核心稳定训练与高强度间歇训练法(TABATA)训练的动作要领。

(3)充分认识良好的身体素质在客运服务工作中的必要性与重要性。

3. 能力目标

(1)能够完成肩颈、腰腹、臀腿等身体各部位的训练内容。

(2)能够明确核心稳定训练和提升心肺功能训练的重点与难点问题。

(3)能够运用多种学习模式进行训练,调整良好的训练状态,提升训练效果,实现良好身体素质的训练目标。

项目一　高速铁路客运服务人员上肢素质训练

任务引入

高速铁路客运服务工作是一项特殊的职业,其中列车上的客运服务人员常年工作在空间面积有限的列车车厢内,长期承受着列车运行时带来的振动、噪声、高频电磁场等因素的刺激。同时,一名列车客运服务人员往往需要负责3～4节车厢为几百名旅客提供服务,工作强度大,这就要求客运服务人员不仅要具备优秀的服务技能,还要拥有健康的身体、充沛的体力和旺盛的精力,才能为旅客提供优质的服务。

请思考:

在日常生活中可以通过哪些方法锻炼身体?

视频

天鹅颈打造训练

任务一　天鹅颈打造训练

一、训练内容

1. 颈部拉伸

轻扶头部一侧,将颈部向对侧拉伸,沿着耳朵方向找到肩膀位置,在这个幅度上保持15 s,然后换另一侧,如图2-1-1所示。

图 2-1-1　颈部拉伸

2. 颈部扭转

在颈部拉伸动作的基础上，继续向内侧扭转，保持 15 s 后再转回正面，此时注意要始终保持颈部拉伸感，如图 2-1-2 所示。

图 2-1-2　颈部扭转

3. 俯仰颈

双手交叉相握于颈部后侧，打开肩胛骨，吸气挺胸仰头；关手肘，呼气含胸低头，动作过程中保持深呼深吸，如图 2-1-3 所示。

图 2-1-3　部俯仰颈

4. 颈部上抬

双手交叉放于胸前，向下发力的同时颈部向上拉伸，颈部前侧会有强烈的拉伸感，保持 5 s，训练时需要注意呼吸，不要憋气，如图 2-1-4 所示。

图 2-1-4　颈部上抬

5. 颈部侧拉

单手放在对侧肩上，颈部转向一侧，找到肩部与下颌线反向对抗力，让下颚线沿斜上方拉伸保持 5 s，换另一方向完成，如图 2-1-5 所示。

图 2-1-5　颈部侧拉

6. 耸肩沉肩

挺胸沉肩，肩膀最大幅度向上提到极限，略作停顿后快速下沉，训练过程中注意耸肩时吸气，沉肩时呼气，如图 2-1-6 所示。

图 2-1-6　耸肩沉肩

7. 颈部对抗

双手交叉叠放于后脑处轻轻向前按压，使双手与颈部形成对抗力，注意不要用力过度，导致颈部不适，如图 2-1-7 所示。

图 2-1-7　颈部对抗

8. 颈部四方向

立腰拔背，双手叉腰。颈部依次向前、后、左、右四个方向做转动，训练时注意颈部向前时下颌找到锁骨位置，如图 2-1-8 所示。

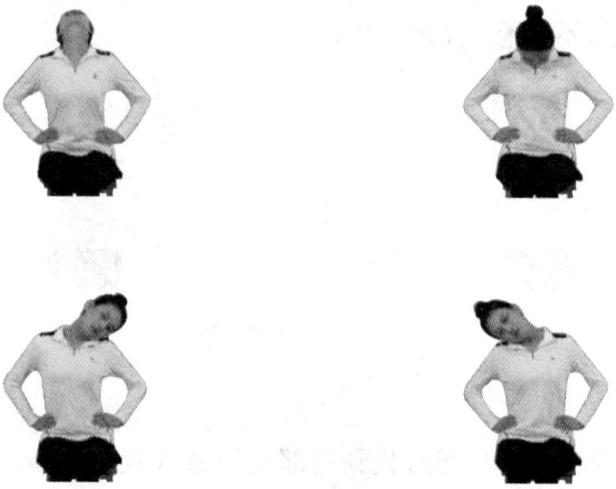

图 2-1-8　颈部四方向

9. 颈部环绕

在颈部四方向的动作基础上做顺时针环绕，动作尽可能做到位，增强拉伸感。两圈以后再做逆时针方向。做这个动作需要注意全程保持均匀呼吸和匀速环动，如图 2-1-9 所示。

图 2-1-9　颈部环绕

10. 眼镜蛇式

俯卧于垫上，双手支撑上身抬起，下颚微收，全程保持均匀呼吸，训练时手臂微屈，不能完全伸直锁死，如图 2-1-10 所示。

图 2-1-10　眼镜蛇式

二、训练评价

1. 评价要求

(1)能够在规定时间内完成整套训练动作。

(2)动作规范、准确、协调。

(3)个人训练时能够克服畏难情绪，克服身体的疼痛感，排除干扰，关注自身。

(4)团队训练时能够培养互相协作、互相鼓励的团队协作意识，塑造吃苦耐劳的工作品质，树立精益求精的工作态度。

2. 评价内容

评价内容见表 2-1-1。

表 2-1-1　天鹅颈打造训练自评/互评工单

姓名:______________　　地点:______________　　时间:______________

训练任务	考查要点	分值	个人评分(30%)	组内评分(30%)	教师评价(40%)	最终得分
天鹅颈打造训练	动作完整(10 个)	30				
	规范标准	30				
	专注度高	10				
	精神面貌饱满	10				
	小组完成协调统一	20				
合计		100				

任务二　肩颈舒缓拉伸训练

一、训练内容

视 频

肩颈舒缓拉伸训练

由于从事繁重的客运服务工作，肩颈疼痛是困扰许多客运服务人员的常见问题，肩颈疼痛不容小觑，严重时会出现头晕、恶心、记忆力下降、视力下降等问题，所以在日常锻炼中做好肩颈舒缓拉伸训练会有效减缓肩颈疼痛。

1. 肩部热身动作

(1)肩部同向画圆。手指虚握，拇指点在肩上，双肩同时做从后向前、从前向后的画立圆动作，注意保持身体的稳定，如图 2-1-11 所示。

图 2-1-11　肩部同向画圈

(2)肩部逆向画圆。保持颈部放松，右肩从前向后画圆的同时左肩从后向前画圆，然后再反方向交换，左右两边的速度保持一致，如图 2-1-12 所示。

图 2-1-12　肩部异向画圈

2. 肩部深层激活

屈肘至大臂小臂形成 90°角，大臂始终与地面保持平行，保持肩部和肘部位置不动，向上转动小臂，依次回到起始位置，如图 2-1-13 所示。

图 2-1-13　肩部深层激活

3. 扩胸运动

吸气时双手在胸前交叉，呼气时肘关节向后发力，注意肘关节不要低于肩膀，如图 2-1-14 所示。

图 2-1-14　扩胸运动

4. 交替抬臂

右臂向上的同时左臂向下，上下左右交替运动，注意双臂同时向后发力，如图 2-1-15 所示。

图 2-1-15　交替抬臂

5. 合掌抬臂

十指相扣，掌心朝外，双臂向上抬起，在最高点略作停顿后，缓慢下落，注意向上时吸气，还原时呼气，如图 2-1-16 所示。

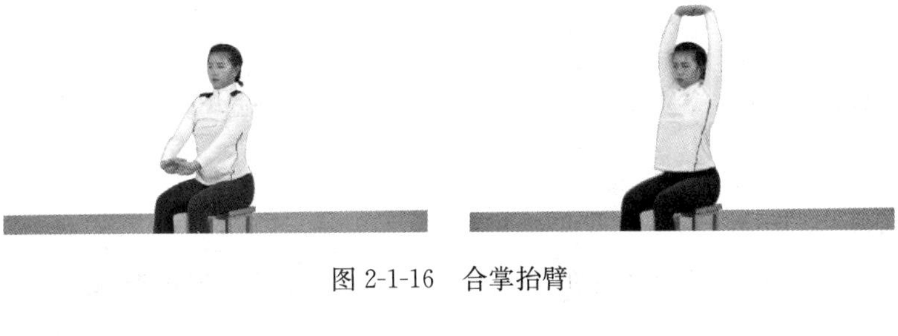

图 2-1-16　合掌抬臂

6. 左右转体

双手放于头部后侧，上身和手肘保持稳定，身体向左、右两侧做倾斜，如图 2-1-17 所示。

图 2-1-17　左右转体

7. 肩颈组合

(1)双手轻扶头部,呼气时左手下落至靠近大腿位置,吸气时还原,呼气时右手下落至靠近大腿位置。注意保持呼吸顺畅均匀,如图 2-1-18 所示。

图 2-1-18　肩颈组合(1)

(2)左手扶后脑,向下按压,右手缓慢抬起举过头顶,再慢慢放下还原。注意上身挺直,如图 2-1-19 所示。

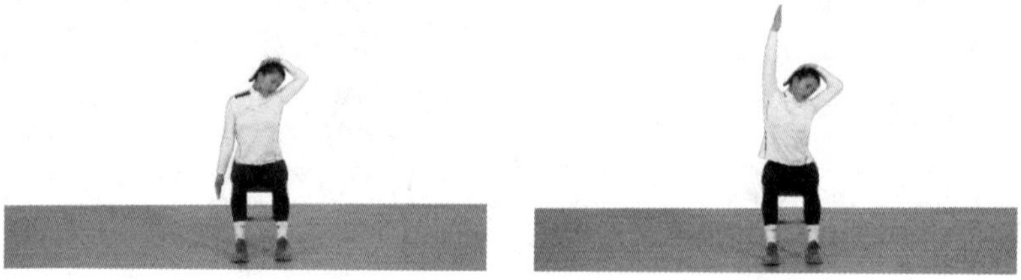

图 2-1-19　肩颈组合(2)

(3)右手轻扶后脑的位置轻轻向下按压,左手缓慢抬起举到头顶,再慢慢放下还原。注意上身挺直,如图 2-1-20 所示。

图 2-1-20　肩颈组合(3)

8. 颈部按摩

缓慢轻柔地按摩双侧斜方肌(肩部与颈部连接)部位,注意均匀呼吸,如图 2-1-21 所示。

图 2-1-21　颈部按摩

二、训练评价

1. 评价要求

(1)能够在规定时间内完成整套训练动作。

(2)动作规范、准确、协调。

(3)个人训练时能够克服畏难情绪,克服身体的疼痛感,排除干扰,关注自身。

(4)团队训练时能够培养互相协作、互相鼓励的团队协作意识,塑造吃苦耐劳的工作品质,树立精益求精的工作态度。

2. 评价内容

评价内容见表 2-1-2。

表 2-1-2　肩颈舒缓拉伸训练自评/互评工单

姓名:__________　地点:__________　时间:__________

训练任务	考查要点	分值	个人评分(30%)	组内评分(30%)	教师评分(40%)	最终得分
肩颈舒缓拉伸训练	动作完整(11 个)	30				
	规范标准	30				
	专注度高	10				
	精神面貌饱满	10				
	小组完成协调统一	20				
合计		100				

任务三　手臂肌肉训练

因为手臂后侧肌肉在日常生活中很少用到,所以这里极易造成脂肪堆积(图 2-1-22),同时这里也是最难练到的部位。以下 10 个动作可以有效消除手臂后侧的赘肉,实现紧致线条的目。训练前可以准备两个装满水的矿泉水瓶或者一副重量适中的哑铃以达到更佳的训练效果。

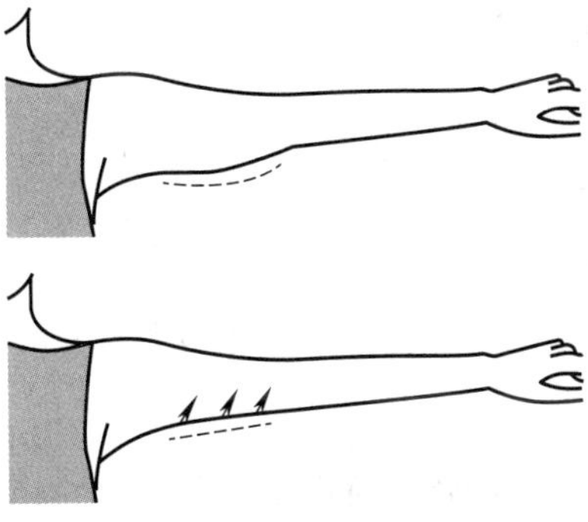

图 2-1-22　手臂脂肪堆积

一、训练内容

1. 站姿二头弯举

双手握住哑铃，大臂贴近身体。呼气时小臂发力提至胸口，在最高点稍作停留，吸气时小臂缓慢放回原位。训练时注意身体保持稳定，不能顶腰，如图 2-1-23 所示。

图 2-1-23　站姿二头弯举

2. 交替弯举

身体直立，拳心向前，肩关节保持稳定。小臂交替抬起哑铃并在最高点稍停留，展臂下放至最低点时肘部不要完全伸直。注意呼气时屈肘，吸气时伸臂，如图 2-1-24 所示。

图 2-1-24　交替弯举

3. 锤式弯举

双手握住哑铃，拳心相对，以肘关节为支点发力，呼气时弯曲手臂，抬起哑铃，吸气时缓慢下落还原至起始位置，在最低点时手臂不能完全放松，如图 2-1-25 所示。

图 2-1-25　锤式弯举

4. 反式弯举

双脚自然开立，上身直立，握住哑铃手背向上，呼气时抬起手臂，吸气时放回原位。训练时注意控制起落速度，减少身体晃动，如图 2-1-26 所示。

图 2-1-26　反式弯举

5. 俯身臂屈伸

俯身，双膝微屈，大臂贴于身体两侧，保持手臂稳定，呼气发力时伸直手臂，稍作停留；吸气时屈肘至小臂与地面垂直，如图 2-1-27 所示。

图 2-1-27　俯身臂屈伸

6. 颈后臂屈伸

双手合握哑铃，大臂始终保持稳定，吸气时屈肘下放至最低点，稍作停留；呼气时展臂伸直向上，如图 2-1-28 所示。

图 2-1-28　颈后臂屈伸

7. 哑铃屈臂撑

哑铃垂直放于垫上，双腿弯曲，肩部全程保持稳定，手臂后侧发力做屈伸运动。吸气时屈肘，呼气时伸臂，如图 2-1-29 所示。

图 2-1-29　哑铃屈臂撑

8. 窄距俯卧撑

双手打开与肩同宽放于胸部两侧，腰背挺直，从侧面看身体呈一条直线。吸气时屈肘，呼气时伸臂。训练时注意收紧肩胛骨，如图 2-1-30 所示。

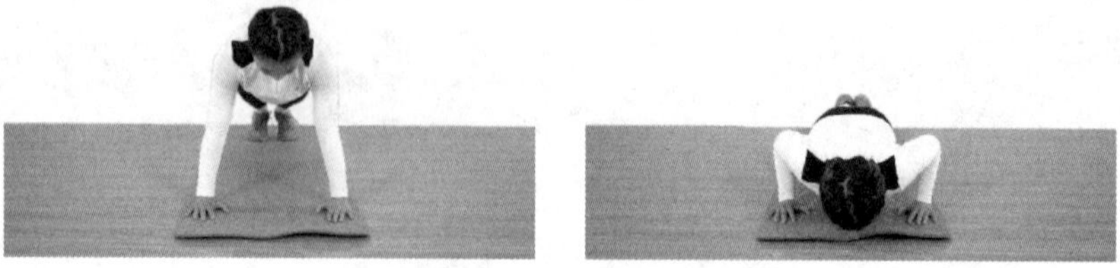

图 2-1-30　窄距俯卧撑

9. 手臂后侧拉伸

双腿开立，右臂上举至耳边，肘关节最大幅度折叠，左手扶在右侧肘关节上，向左后方拉伸，右臂与左臂交替拉伸，注意呼吸自然，不能憋气，如图 2-1-31 所示。

图 2-1-31　手臂后侧拉伸

10. 前臂拉伸

右臂伸直，手指向下，手背向前，左手扶住右手背，向后轻轻牵拉，右臂与左臂交替拉伸，注意保持深呼与深吸，如图 2-1-32 所示。

图 2-1-32　前臂拉伸

二、训练评价

1. 评价要求

(1)能够在规定时间内完成整套训练动作。

(2)动作规范、准确、协调。

(3)个人训练时能够克服畏难情绪，克服身体的疼痛感，排除干扰，关注自身。

(4)团队训练时能够培养互相协作、互相鼓励的团队协作意识，塑造吃苦耐劳的工作品质，树立精益求精的工作态度。

2. 评价内容

评价内容见表 2-1-3。

表 2-1-3　手臂肌肉训练自评/互评工单

姓名：______________　　地点：______________　　时间：______________

训练任务	考查要点	分值	个人评分（30%）	组内评分（30%）	教师评分（40%）	最终得分
手臂肌肉训练	动作完整（10 个）	30				
	规范标准	30				
	专注度高	10				
	精神面貌饱满	10				
	小组完成协调统一	20				
合计		100				

任务四　圆肩驼背改善训练

一、训练内容

1. 手臂后画圈

上身挺直，双臂平举，保持稳定，右臂向后画大圆，左臂与右臂交替进行，完成 12 次，训练时注意不要耸肩，如图 2-1-33 所示。

图 2-1-33　手臂后画圈

2. 直臂后拍

双臂抬起平行于地面，收紧核心，手掌面向后方，夹紧背部，于身后进行击掌，完成 12 次，如图 2-1-34 所示。

图 2-1-34　直臂后拍

3. 屈肘合掌

抬起肘部同时用力向外打开背部，感受背部挤压，发力时呼气，还原时吸气，完成 12 次，如图 2-1-35 所示。

图 2-1-35　屈肘合掌

4. 上举画圈

俯身，双臂伸直举过头顶，带动肩膀向后画圆，背部始终保持挺直，同时夹紧发力，手臂贴于身体两侧，完成 12 次，如图 2-1-36 所示。

图 2-1-36　上举画圈

5. 高位下拉

俯身，上身保持稳定，肩膀下沉。呼气时背部发力带动上臂靠向身体两侧，发力时挺胸沉肩，吸气还原，完成 12 次，如图 2-1-37 所示。

图 2-1-37　高位下拉

6. 单边侧伸展

手臂侧向伸展，感受背部肌肉的收缩感，左右交替，完成 12 次，如图 2-1-38 所示。

图 2-1-38　单边侧伸展

7.“Y”字形伸展

身体与地面形成 30°～45°角，双臂伸直，拇指朝前。吸气时上提手臂与身体呈“Y”字形，呼气还原，完成动作12次，如图2-1-39所示。训练时注意手臂以肩为轴运动，而不是耸肩带起手臂。

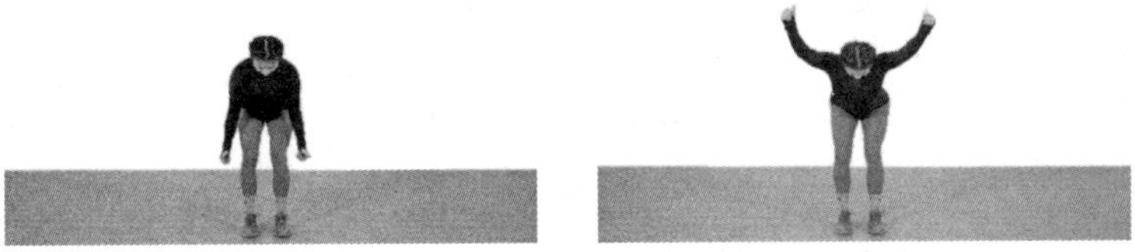

图2-1-39　“Y”字形伸展

8. 屈肘后提拉

手臂向后抬起约30°，肘部屈起做提拉的动作，肩膀始终保持下沉，如图2-1-40所示，动作过程中注意力应放在背部，感受背部的发力，完成动作12次。

图2-1-40　屈肘后提拉

9. 坐姿上背部拉伸

双手十指交叉相扣，掌心面对身体，翻掌(手背面对身体)向前推出，身体随着手臂前推的力量向后弓背到最大幅度，如图2-1-41所示，注意自然呼吸，不要憋气，完成动作12次。

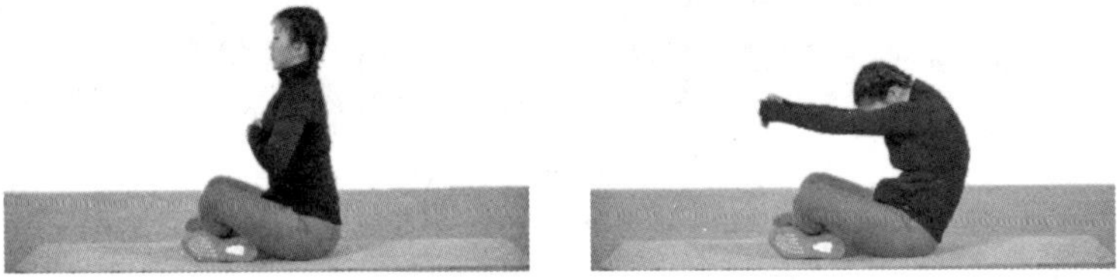

图2-1-41　坐姿上背部拉伸

二、训练评价

1. 评价要求

(1)能够在规定时间内完成整套训练动作。

(2)动作规范、准确、协调。

(3)个人训练时能够克服畏难情绪，克服身体的疼痛感，排除干扰，关注自身。

(4)团队训练时能够培养互相协作、互相鼓励的团队协作意识，塑造吃苦耐劳的工作品质，树立精益求精的工作态度。

2. 评价内容

评价内容见表2-1-4。

表 2-1-4　圆肩驼背改善训练自评/互评工单

姓名：________　　地点：________　　时间：________

训练任务	考查要点	分值	个人评分（30%）	组内评分（30%）	教师评分（40%）	最终得分
圆肩驼背改善训练	动作完整（9 个）	30				
	规范标准	30				
	专注度高	10				
	精神面貌饱满	10				
	小组完成协调统一	20				
合计		100				

视 频

腰部肌肉训练

任务五　腰部肌肉训练

一、训练内容

侧腰与后腰这两个位置由于平时很难运动到，易形成脂肪堆积，使得腰部线条不明显。下面介绍一套无跳跃、无卷腹的腰部肌肉训练方法。

1. 俯卧收后腰

俯卧于垫上，上背部抬起旋转胸椎，手肘触地，骨盆保持稳定，侧腰与后腰的肌肉有明显的收缩感，训练时注意双脚不能离地，如图 2-1-42 所示。

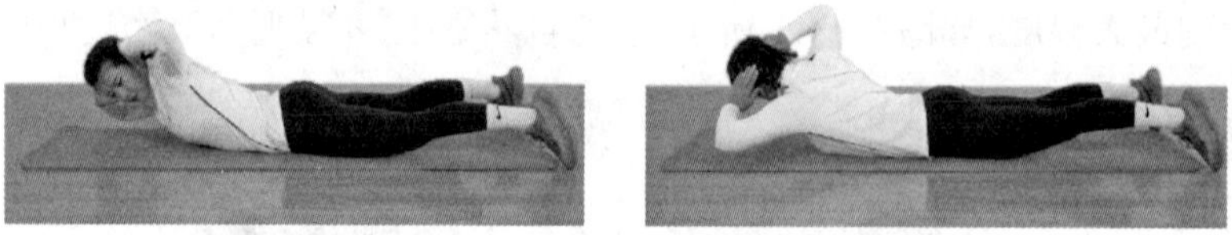

图 2-1-42　俯卧收后腰

2. 单侧外展夹背

俯卧于地面，单臂向后伸展至大腿后侧停留，另一手臂向前平伸，整个运动带动后背与后腰，如图 2-1-43 所示，注意保持呼吸，不要憋气。

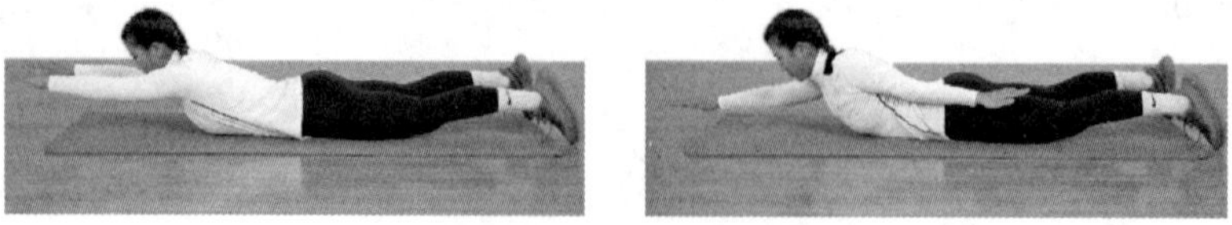

图 2-1-43　单侧外展夹背

3. 平板侧伸展

身体呈侧支撑状态，手臂沿身体向前、向上延伸，收紧腰腹，左右交替，如图 2-1-44 所示，训练时注意身体保持斜线状态，不要外翻。

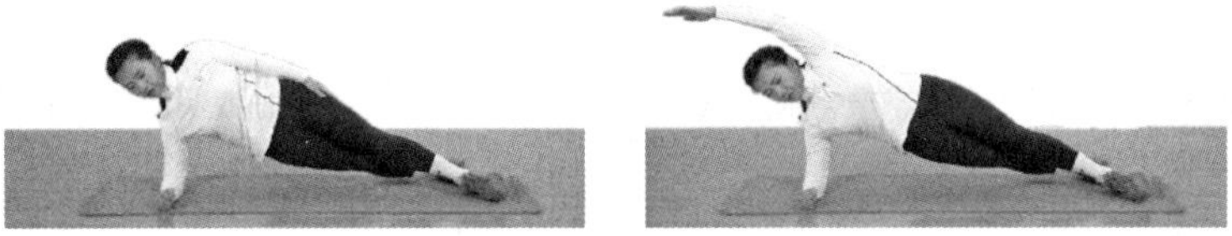

图 2-1-44 平板侧伸展

4. 站姿侧提膝

双手抱于头部后侧，上身向一侧倾斜，抬腿外旋至同侧肘关节外侧，侧腰与后腰的肌肉有明显的收缩感，如图 2-1-45 所示，训练时注意颈部放松，身体不要前倾或后仰。

图 2-1-45 站姿侧提膝

5. 站姿正提膝

双手抱于头部后侧，提膝收腹，手肘与对侧膝部相抵，腿部尽量抬高，如图 2-1-46 所示。

图 2-1-46 站姿正提膝

6. 平板支撑

小臂与前脚掌撑地，收紧臀部，撑起肩胛骨，身体呈一条直线，腰部核心始终保持收紧状态，如图 2-1-47 所示。

图 2-1-47 平板支撑

7. 动态平板支撑

在平板支撑动作基础上，手掌与小臂依次轮流撑地，如图 2-1-48 所示。训练时身体保持稳定，减少晃动幅度。

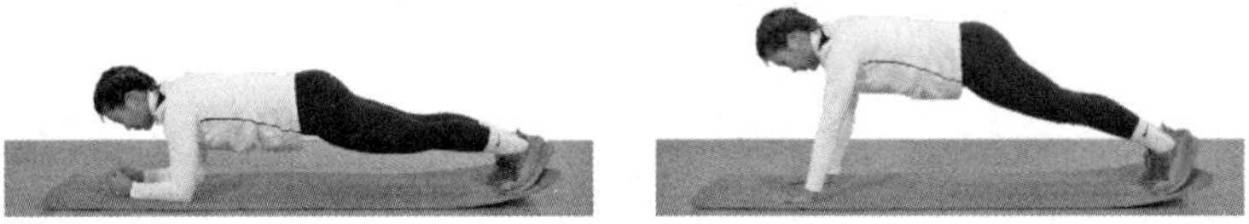

图 2-1-48 动态平板支撑

8. 平板侧提膝

双手与前脚掌撑地，身体保持一条直线，提膝接近肘关节位置，如图 2-1-49 所示，训练时大腿抬高增强侧腰收缩感。

图 2-1-49　平板侧提膝

9. 侧支撑伸展

半支撑向上伸展侧腰，继续向后收紧侧腰，左右交替进行，如图 2-1-50 所示。过程中注意髋部向上发力。

图 2-1-50　侧支撑伸展

10. 平板侧转体

双手支撑身体，下沉髋部同时侧腰向外伸展，左右交替进行，如图 2-1-51 所示。训练时注意扭转腰腹，速度适中，速度放慢可提升难度。

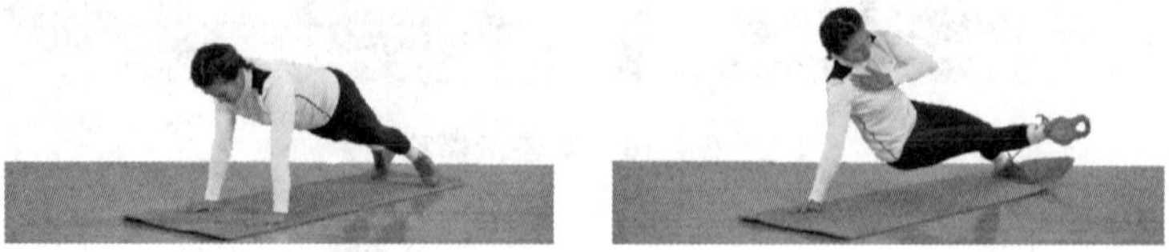

图 2-1-51　平板侧转体

11. 腰部拉伸

双腿并拢，膝关节微屈，弯腰并将双手在膝关节后侧交叉，用力弓背到最大幅度，双手保持锁定状态，如图 2-1-52 所示。

图 2-1-52　腰部拉伸

12. 转体拉伸

左脚踩于右脚外侧，身体向左扭转，右臂带动侧腰向左后方拉伸，如图 2-1-53 所示，左右交替进行，训练时注意深呼深吸，吸气拉伸，呼气还原。

图 2-1-53　转体拉伸

二、训练评价

1. 评价要求

(1)能够在规定时间内完成整套训练动作。

(2)动作规范、准确、协调。

(3)个人训练时能够克服畏难情绪,克服身体的疼痛感,排除干扰,关注自身。

(4)团队训练时能够培养互相协作、互相鼓励的团队协作意识,塑造吃苦耐劳的工作品质,树立精益求精的工作态度。

2. 评价内容

评价内容见表 2-1-5。

表 2-1-5　腰部肌肉训练自评/互评工单

姓名:________　　地点:________　　时间:________

训练任务	考查要点	分值	个人评分(30%)	组内评分(30%)	教师评分(40%)	最终得分
腰部肌肉训练	动作完整(12 个)	30				
	规范标准	30				
	专注度高	10				
	精神面貌饱满	10				
	小组完成协调统一	20				
合计		100				

视频

马甲线速成训练

任务六　马甲线速成训练

一、训练内容

腹部肌肉由腹肌和腹外斜肌组成,在腹肌和腹外斜肌间形成的线条就是马甲线。虽然人人都有马甲线,但是如果不经常进行腹部锻炼,腹肌和腹外斜肌上会覆有厚厚的脂肪而不被显现出来。可以通过以下训练来实现显现马甲线的效果。

1. 腹部激活

屈膝平躺于垫上,双膝与肩同宽,踩于垫上,下背部紧贴地面,上背部离地同时双臂上下振动,刺激腹肌收缩,如图 2-1-54 所示。

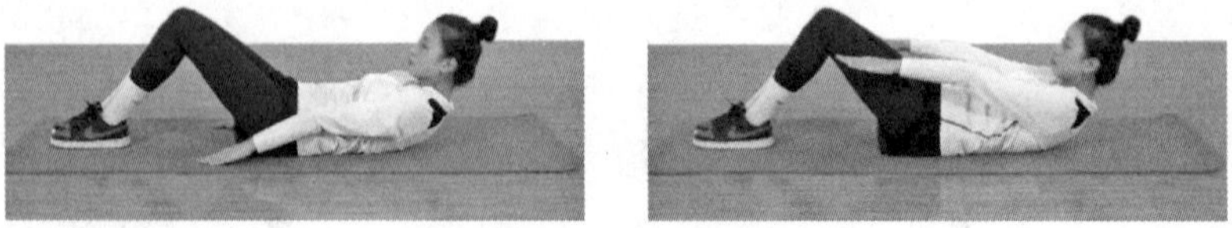

图 2-1-54　腹部激活

2. 卷腹

屈膝平躺于垫上，双膝与肩同宽，双脚踩于垫上，腹部发力卷起上背部，卷腹时呼气，还原时吸气，在最高点略作停顿后缓慢回到起始位置，如图 2-1-55 所示。

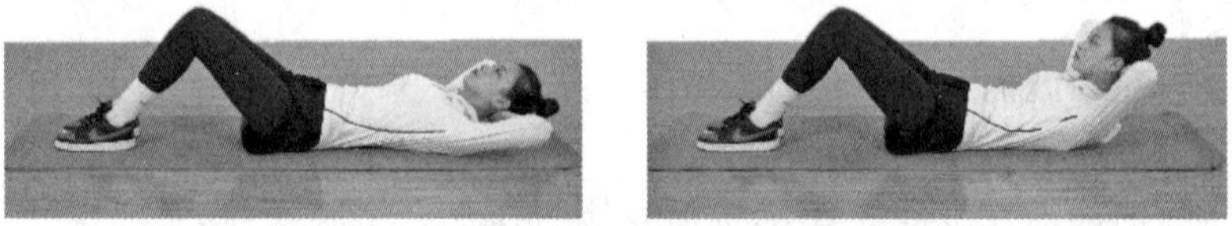

图 2-1-55　卷腹

3. 屈膝收腹

坐于垫上，双手后撑地，双膝微屈，腹部发力，收腹同时屈膝，然后回到起始位置，如图 2-1-56 所示。

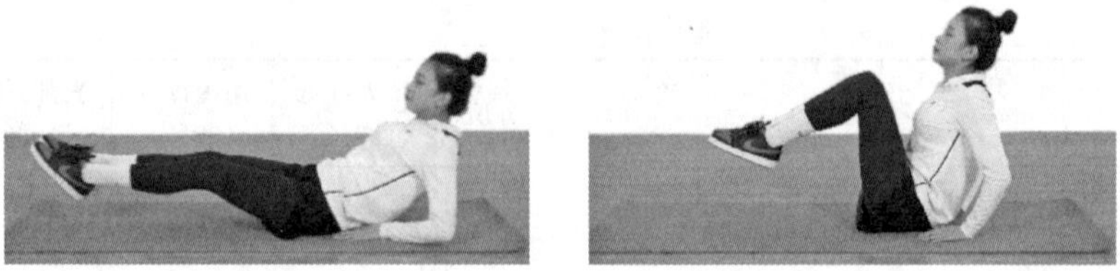

图 2-1-56　屈膝收腹

4. 侧卧卷腹

屈膝右侧卧于垫上，右臂垂直于躯干放于垫上。呼气时用腹部力量将左肩拉近腰胯，在最高点略作停顿后吸气缓慢还原，如图 2-1-57 所示。反方向动作相同，注意控制速度适中，不要过快。

图 2-1-57　侧卧卷腹

5. 右腿翘屈卷腹转体

双手交叉放在头部后侧躺于垫上，右脚踝放在左大腿前侧，卷腹抬起至最高点后上背部交替向两侧做转体，如图 2-1-58 所示。

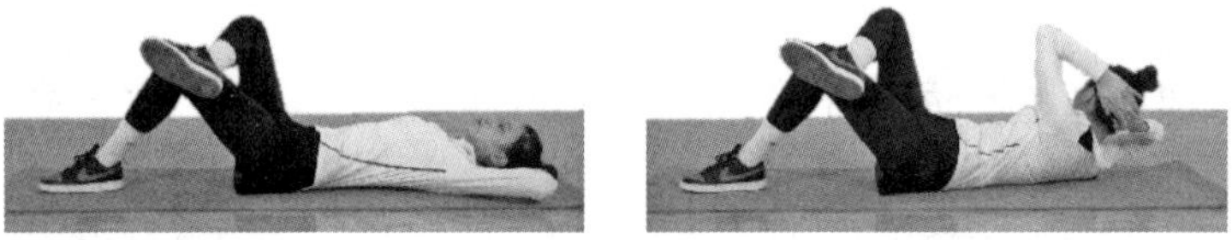

图 2-1-58　右腿翘屈卷腹转体

6. 剪刀式提腿

掌心朝上放于身体两侧，下颌微收，上背部抬离地面，下背部紧贴地面，双腿在空中做剪刀状上下交替，如图 2-1-59 所示。

图 2-1-59　剪刀式提腿

7. 支撑收腹跳

俯撑于地面，双脚与肩同宽，腹部发力收回双脚，脚尖轻轻点地，然后立即后撤跳回原位，如图 2-1-60 所示。

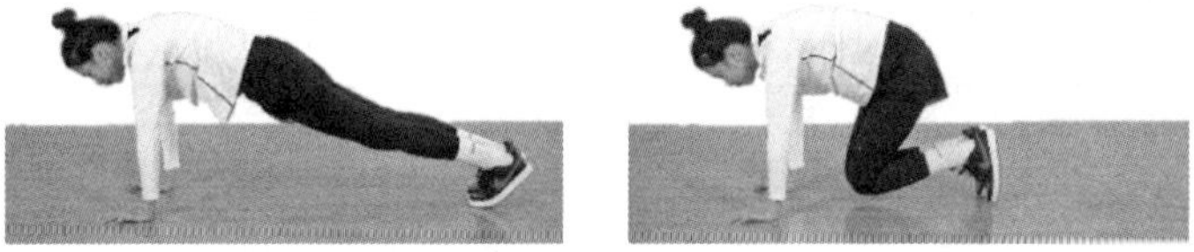

图 2-1-60　支撑收腹跳

8. 支撑开合跳

俯撑于垫上，双脚与肩同宽，呼气时双脚向两侧打开，吸气收回，如图 2-1-61 所示。

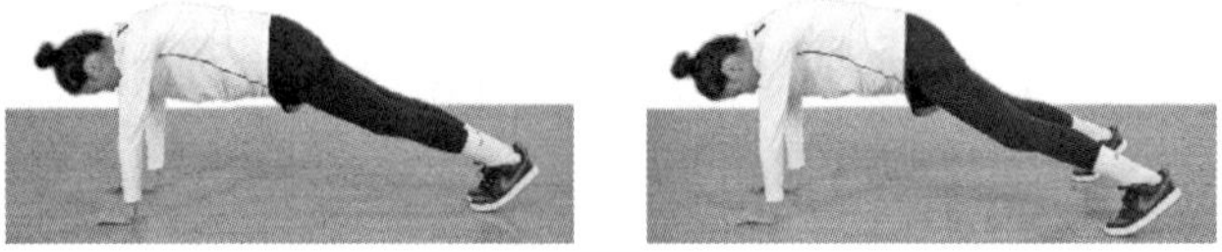

图 2-1-61　支撑开合跳

9. 膝盖踢

仰卧于垫上，双手举至头顶，腹部发力，呼气时右腿上抬同时双手触碰膝部，吸气还原。左侧动作要领相同，如图 2-1-62 所示。

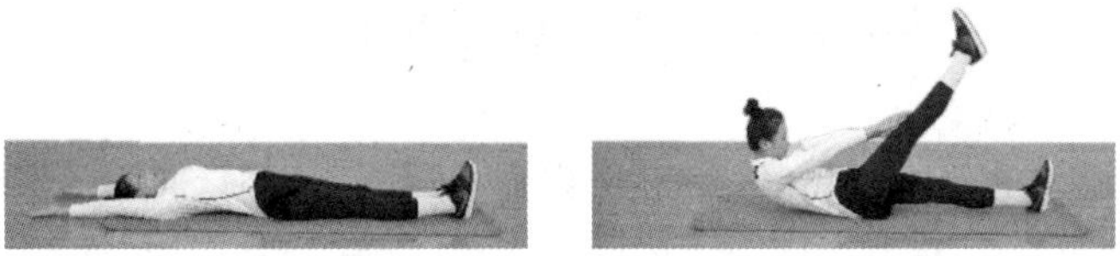

图 2-1-62　膝盖踢

10. 腹部拉伸

俯卧于垫上，髋部贴紧地面，双手将上半身撑起，如图 2-1-63 所示，保持均匀呼吸，腹部有明显的拉伸感。

图 2-1-63　腹部拉伸

二、评价内容

1. 训练要求

(1)能够在规定时间内完成整套训练动作。

(2)动作规范、准确、协调。

(3)个人训练时能够克服畏难情绪，克服身体的疼痛感，排除干扰，关注自身。

(4)团队训练时能够培养互相协作、互相鼓励的团队协作意识，塑造吃苦耐劳的工作品质，树立精益求精的工作态度。

2. 评价内容

评价内容见表 2-1-6。

表 2-1-6　马甲线速成训练自评/互评工单

姓名：________　　地点：________　　时间：________

训练任务	考查要点	分值	个人评分(30%)	组内评分(30%)	教师评分(40%)	最终得分
马甲线速成训练	动作完整(10 个)	30				
	规范标准	30				
	专注度高	10				
	精神面貌饱满	10				
	小组完成协调统一	20				
合计		100				

项目二　高速铁路客运服务人员下肢素质训练

任务引入

下肢力量素质是进行大部分身体活动的基础，每个人进行走、跑、跳、投及攀爬等体育运动和体力劳动时都必须依靠下肢力量。下肢力量素质影响身体耐力、灵敏和柔韧素质的发展。

请思考：

面对较高强度的客运服务工作，高速铁路客运服务人员应做好哪些准备？

任务一　髋部舒缓拉伸训练

髋部是躯干与腿部相连接的部位，能够使躯干和腿部做向前、向后及侧面的自主运动。髋部是一系列机体运动的中心，高速铁路客运服务人员工作时经常会举重物、行走等，容易引起髋部骨骼与肌肉的紧张状态。人们在锻炼中通常是以练习上、下肢及腹部肌肉为主，髋部很容易被忽略，因此加强髋部训练也是身体素质训练的重要内容之一。

视频

髋部舒缓拉伸训练

一、训练内容

1. 髋屈

吸气时手臂向上，呼气时从髋部开始向前折叠延伸，随着持续呼气，手肘向两侧打开，让躯干靠近腿的方向，如图 2-2-1 所示，如果韧带偏硬就保持在可承受的位置即可。

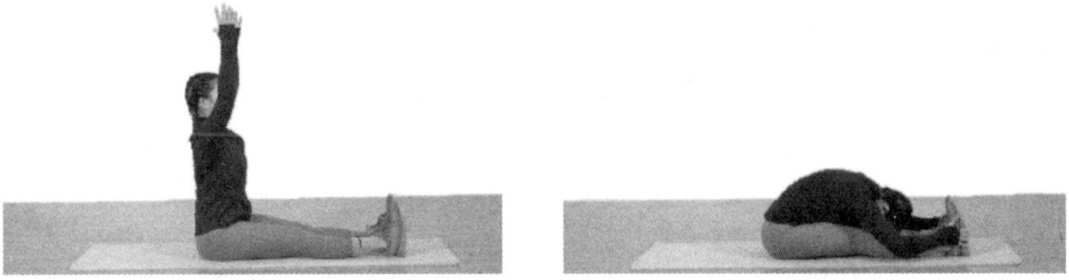

图 2-2-1　髋屈

2. 髋伸

一腿在前屈 90°，另一腿向后伸展，双手叉腰向前推出髋部，保持上身直立，如图 2-2-2 所示，胸腔充分上提，保持呼吸顺畅。

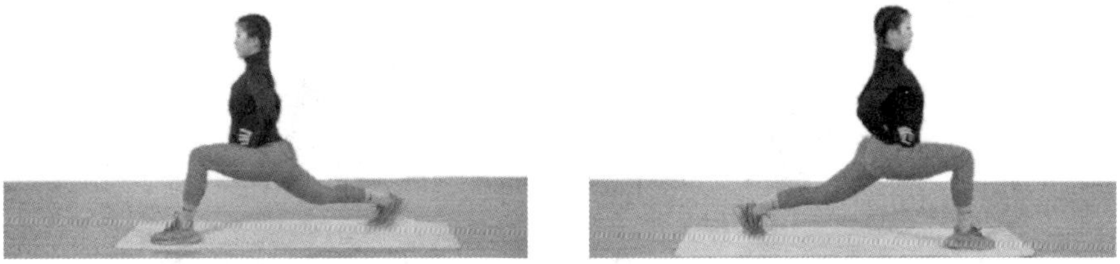

图 2-2-2　髋伸

3. 髋外展

手臂向上伸展，膝关节伸直，保持腿部肌肉紧张状态，呼气时从髋部开始上身向前折叠延伸，直至双手触及地面，如图 2-2-3 所示，每次呼气都需要进一步向前持续伸展。

图 2-2-3　髋外展

4. 髋外旋

右腿折叠 90°放于垫上，双手上举，左腿向后伸展，吸气时从髋部开始向前折叠伸展，注意后腿尽量去做向内旋转，如图 2-2-4 所示，反向动作要领相同。

图 2-2-4　髋外旋

5. 髋内旋

跪坐于垫上，脚背和小腿胫骨向下推地，大腿内侧充分上提，如图 2-2-5 所示。

6. 髋内旋加强训练

保持髋内旋训练动作，上身逐渐向后仰卧于垫上，如图 2-2-6 所示，注意保持呼吸顺畅。

图 2-2-5　髋内旋

图 2-2-6　髋内旋加强训练

7. 髋关节环绕

自然站立，双手叉腰，屈膝抬腿向外伸展再落回原位，呼气抬腿，吸气收腿，如图 2-2-7 所示，左右循环交替进行。

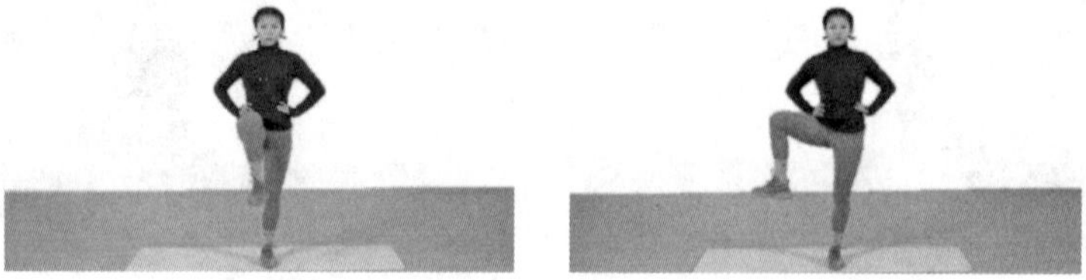

图 2-2-7　髋关节环绕

8. 髂腰肌拉伸

躯干垂直于地面，右腿后撤呈弓步，身体向左侧扭转，保持左侧拉伸，如图 2-2-8 所示，反方向动作要领相同。注意双脚之间距离要尽量放大，增强拉伸感。

图 2-2-8　髂腰肌拉伸

二、训练评价

1. 评价要求

(1)能够在规定时间内完成整套训练动作。

(2)动作规范、准确、协调。

(3)个人训练时能够克服畏难情绪,克服身体的疼痛感,排除干扰,关注自身。

(4)团队训练时能够培养互相协作、互相鼓励的团队协作意识,塑造吃苦耐劳的工作品质,树立精益求精的工作态度。

2. 评价内容

评价内容见表 2-2-1。

表 2-2-1　髋部舒缓拉伸训练自评/互评工单

姓名:______　地点:______　时间:______

训练任务	考查要点	分值	个人评分(30%)	组内评分(30%)	教师评分(40%)	最终得分
髋部舒缓拉伸训练	动作完整(8 个)	30				
	规范标准	30				
	专注度高	10				
	精神面貌饱满	10				
	小组完成协调统一	20				
合计		100				

任务二　腿部线条打造训练

高速铁路客运服务人员在岗作业时每天的步行数量较多,这不仅对腿部力量有很高的要求,也容易诱发静脉曲张等问题。腿部线条打造训练主要以腿部拉伸训练为主。拉伸不仅能够使肌肉线条变得更加流畅、纤长,而且充分拉伸可以提高身体柔韧性和灵活性,缓解运动紧张,放松肌肉,防止肌肉结块、避免腿部在运动中出现拉伤。

视频

腿部线条打造训练

一、训练内容

1. 坐姿大腿内侧拉伸

图 2-2-9　坐姿大腿内侧拉伸

脚跟贴近坐于垫上,双手握住双脚,背部挺直,身体前倾,手肘贴近大腿内侧,如图 2-2-9 所示,可以感受到大腿内侧强烈的拉伸感。

2. 跨坐双侧提腿拉伸

髋部正对前方,左腿前侧贴近地面,右膝跪于垫上,左手扶垫,右手握右脚踝,下压髋部,如图 2-2-10 所示。对侧动作要领相同,呼吸均匀流畅。

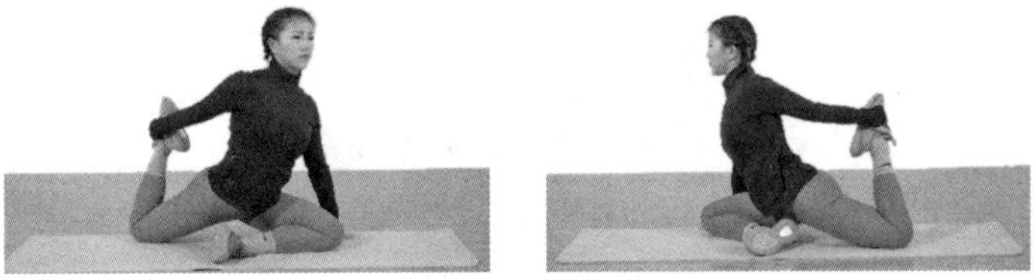

图 2-2-10　跨坐双侧提腿拉伸

3. 双侧跨坐臀部拉伸

保持髋部正位，右腿屈膝收于腹部，左腿直膝贴于地面，将重心放于身体前侧同时将身体下压，如图 2-2-11 所示，感受臀大肌拉伸，保持呼吸顺畅，对侧动作要领相同。

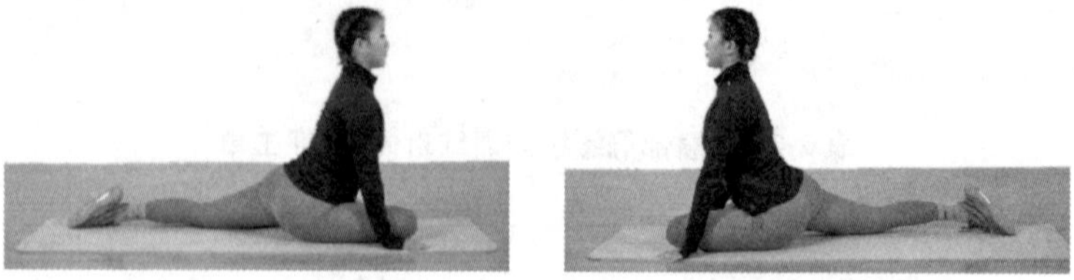

图 2-2-11　双侧跨坐臀部拉伸

4. 仰卧双腿后侧拉伸

仰卧于垫上，左腿放松，右腿向上伸直，手扶膝关节，如图 2-2-12 所示，感受大腿后侧肌肉强烈的牵拉感，根据自身状态可以逐步加强拉伸强度，对侧动作要领相同。

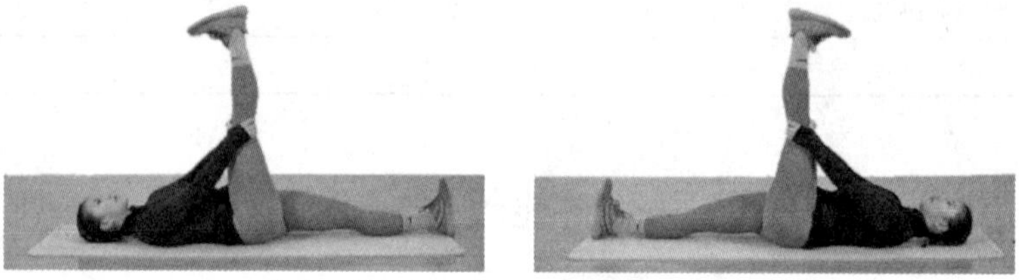

图 2-2-12　仰卧双腿后侧拉伸

5. 高位箭步拉伸

上身保持正直，挺胸收腹，弓箭步站立，臀部向下压，如图 2-2-13 所示，大腿后侧肌肉有明显拉伸感。

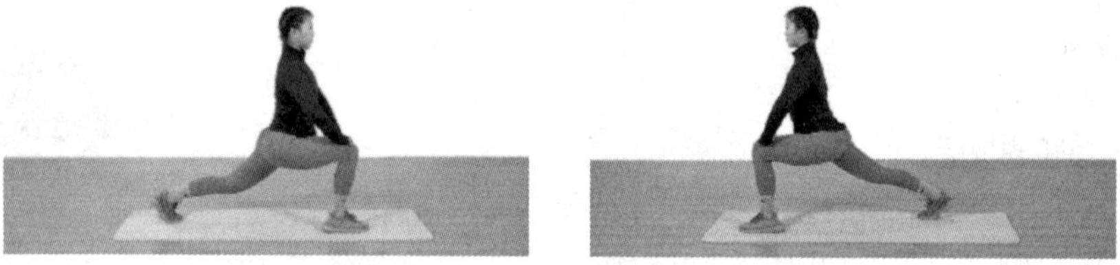

图 2-2-13　高位箭步拉伸

6. 肘支撑箭步

双腿前后跨开，肘关节支撑在肩膀正下方，臀部下压，后腿伸直，如图 2-2-14 所示，训练时保持呼吸顺畅，对侧动作要领相同。

图 2-2-14　肘支撑箭步

7. 双侧跪姿分腿拉伸

前腿伸直，双手握于脚踝处，上身前倾下压，后腿跪地，臀部向后坐，如图 2-2-15 所示，感受髋部明显被拉伸。

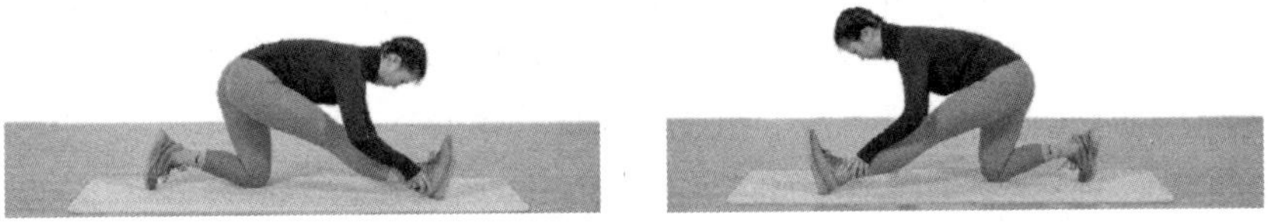

图 2-2-15 双侧跪姿分腿拉伸

8. 三角式

双脚打开至肩宽两倍，双膝伸直，背部保持平直，上身前倾下压，双手可触地也可放在脚踝或小腿处，如图 2-2-16 所示，感受到腿部后侧肌肉的拉伸感，保持呼吸顺畅。

图 2-2-16 三角式

二、训练评价

1. 评价要求

(1)能够在规定时间内完成整套训练动作。

(2)动作规范、准确、协调。

(3)个人训练时能够克服畏难情绪，克服身体的疼痛感，排除干扰，关注自身。

(4)团队训练时能够培养互相协作、互相鼓励的团队协作意识，塑造吃苦耐劳的工作品质，树立精益求精的工作态度。

2. 评价内容

评价内容见表 2-2-2。

表 2-2-2 腿部线条打造训练自评/互评工单

姓名：______________ 地点：______________ 时间：______________

训练任务	考查要点	分值	个人评分(30%)	组内评分(30%)	教师评分(40%)	最终得分
腿部线条打造训练	动作完整(8 个)	30				
	规范标准	30				
	专注度高	10				
	精神面貌饱满	10				
	小组完成协调统一	20				
合计		100				

任务三　腿部力量提升训练

高速铁路客运服务人员在岗期间多处于站立或者行走状态，大量行走对膝关节的健康影响较大，所以腿部拥有流畅的线条和坚实的力量就显得尤为重要。同时，腿部是人体重要的运动部位，有丰富的肌肉、血管、筋膜、韧带和神经组织。膝关节连接大腿与小腿，具有屈曲功能，行走或站立都离不开膝关节的配合。随着年龄的增长，肌肉力量不足会影响膝关节的健康，形成比较严重的膝部病变，严重的甚至会影响正常行走。因此，加强腿部力量训练对高速铁路客运服务人员尤为重要。

一、训练内容

1. 踮脚

上身保持直立，脚跟与小腿并拢夹紧。踮脚时重心在前脚掌，缓慢落回原地，如图 2-2-17 所示。训练过程中膝关节要始终保持收紧状态，以保证身体稳定。

图 2-2-17　踮脚

2. 单脚站立

右腿为主力腿，左腿向上抬起，踮起右脚，身体保持稳定，避免大幅度晃动，如图 2-2-18 所示。训练时要收紧核心，脚跟缓慢向上和向下运动，对侧动作要领相同。

图 2-2-18　单脚站立

3. 标准深蹲

双脚打开与肩同宽，膝盖与脚尖同方向。吸气时以髋为轴向后屈髋，呼气时脚跟与大腿发力向上蹬起，如图 2-2-19 所示。屈髋时腰背部始终保持挺拔，膝盖不要前后移动。

图 2-2-19　标准深蹲

4. 相扑深蹲

双腿打开约为 1.5 倍肩宽，脚尖向外打开 45°，腰背部保持挺拔状态向下深蹲，双膝与脚尖同方向，呼气时下蹲，吸气时全脚掌发力向上蹬起，如图 2-2-20 所示。训练时注意向上蹬起回原位时，膝部也要保持微屈状态，不能强直。

5. 前后交替箭步蹲

双脚并拢，肩膀后展下沉，上身挺直。向前迈一侧腿并下蹲至大腿前侧与身体形成 90° 角，后侧大腿与小腿形成 90°角，略作停顿，如图 2-2-21 所示，前侧腿发力站起，回到起始位置。双腿交替向前，保持每次步幅大小相同。训练时注意后膝不要着地，站起时呼气，下蹲时吸气。

图 2-2-20　相扑深蹲

图 2-2-21　前后交替箭步蹲

6. 侧向深蹲

双脚距离约肩宽两倍，腰背挺直。向一侧蹲下至大腿与地面平行后，手触地面起身，如图 2-2-22 所示，左右交替进行。双脚距离不宜过近，否则会导致臀部拉伸不到位。

图 2-2-22　侧向深蹲

7. 半蹲抬腿

双脚开立略比肩宽，双手放于腰间。吸气屈膝半蹲，呼气抬起右腿，如图 2-2-23 所示，左右交替进行。动作过程中收紧腰腹，保持腰背挺直。

图 2-2-23　半蹲抬腿

8. 深蹲侧步蹲

双脚分开站立，核心收紧，肩膀后展下沉。下蹲时上身保持直立，起身时臀部发力站起，然后身体转向左侧弓箭步下蹲，如图 2-2-24 所示，起身还原，左右交替进行。整个动作要求连贯、流畅，始终保持腰背挺直。

图 2-2-24　深蹲侧步蹲

9. 深蹲交替提膝

双脚分开站立略比肩宽，双手放于头部。屈髋下蹲至大腿与地面平行，膝部与脚尖方向一致。蹲起时右肘触碰左膝，如图 2-2-25 所示，再次下蹲，左右交替进行。呼吸保持顺畅、稳定。

图 2-2-25　深蹲交替提膝

10. 站姿侧抬腿

自然站立，双手叉腰，重心落于左脚，右脚向同侧抬起至最高点，控制速度缓慢落下，上身保持稳定，左右交替进行，如图 2-2-26 所示。抬腿外展时呼气，落腿时吸气。

图 2-2-26　站姿侧抬腿

二、训练评价

1. 评价要求

(1)能够在规定时间内完成整套训练动作。

(2)动作规范、准确、协调。

(3)个人训练时能够克服畏难情绪，克服身体的疼痛感，排除干扰，关注自身。

(4)团队训练时能够培养互相协作、互相鼓励的团队协作意识，塑造吃苦耐劳的工作品质，树立精益求精的工作态度。

2. 评价内容

评价内容见表 2-2-3。

表 2-2-3　腿部力量提升训练自评/互评工单

姓名：________　地点：________　时间：________

训练任务	考查要点	分值	个人评分（30%）	组内评分（30%）	教师评分（40%）	最终得分
腿部力量提升训练	动作完整(10 个)	30				
	规范标准	30				
	专注度高	10				
	精神面貌饱满	10				
	小组完成协调统一	20				
合计		100				

项目三　高速铁路客运服务人员核心稳定训练

任务引入

身体核心稳定区主要是身体下部躯干区域的肌肉，这些肌肉共同作用，为身体提供支撑和活动能量，从而使全身进行运动。

请思考：

身体核心力量的强弱对高速铁路客运服务人员的工作活动会有怎样的影响？

任务一　核心稳定热身训练

身体核心稳定区（图 2-3-1）是人体的动力中心，直接决定着运动能力、日常活动质量及持久耐力的发挥水平。增强身体核心肌肉群的有氧能力和运动能力需要持续一系列的力量、拉伸、平衡、重组训练，实现骨骼、肌肉和关节合理地协作。

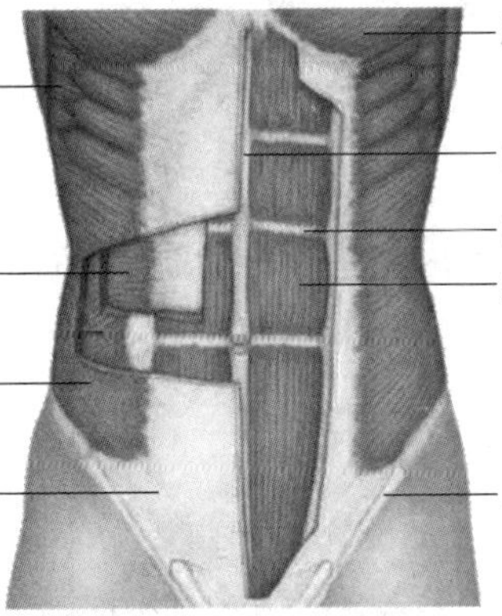

图 2-3-1　核心稳定区

身体核心稳定区是身体总体运行能力的关键所在，锻炼每一块肌肉时都离不开它。然而一些额外的支撑，比如椅子靠背长时间地代替身体本身做了这些支撑工作，这使得身体核心功能逐渐弱化，因此应该定期进行身体核心稳定区的锻炼。

一、训练要求

身体核心训练并非专为运动员设计，而是适合每一个人。高速铁路客运服务人员工作较为繁忙，往往难以抽出大量时间进行锻炼，然而通过进行身体核心训练，他们在有限时间可以有效提高身体的力量与协调能力，从而达到事半功倍的效果。

为了达到最佳的身体核心力量训练效果，可以结合静态和动态两种不同的训练方法。静态训练有助于增强肌肉力量，改善身体柔韧性和灵活性；动态训练能够帮助改善血液循环，提升力量和耐力。训练过程中，执行动作时要有一定的爆发力，速度稍快；恢复动作时则需缓慢地、有控制地进行。训练过程应保持适中的速度，确保整组训练保持稳定的状态。

在训练过程中应采用腹式呼吸方法，保持呼吸自然、深沉。在进行恢复动作或伸展动作时，要伴随深吸气，之后在动作执行用力或爆发时要全力呼气。最重要的是在训练过程中，切勿屏住呼吸，尤其在静态练习时，屏住呼吸可能会导致严重的健康风险，甚至危及生命。

二、热身训练

视频

核心稳定热身训练

在有效的训练计划中，适当的热身可以预防训练伤害。热身运动能够适当升高体温，提高心率，使肌肉在进入工作状态时获得充足的血液供应。经过充分热身的肌肉在强烈收缩时会更加柔软，从而避免在训练中出现肌肉撕裂等损伤，这在身体核心训练中尤为重要。5～10 min的低速慢跑或跳绳可以有效调节心血管功能。

(1)动作 1(图 2-3-2)：双腿伸直，脚跟并拢，两手置于两侧，双腿在完全放松的状态下，两膝交替上下抖动，持续练习并调整呼吸。

图 2-3-2　动作 1

(2)动作 2(图 2-3-3)：两手置于体前垫上，右腿向前伸直，屈左膝，略比肩宽，背部挺直向前屈，左右交替完成。

图 2-3-3　动作 2

(3)动作 3(图 2-3-4)：右手抓右脚尖，上身向前屈，右腿伸直，左膝微屈，左右交替完成。

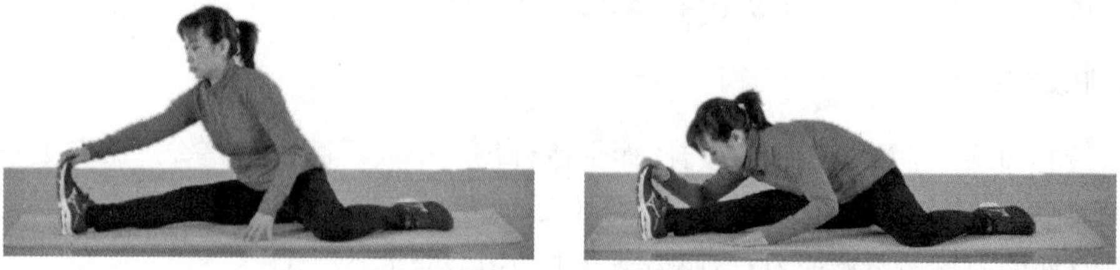

图 2-3-4　动作 3

(4)动作 4(图 2-3-5)：右腿伸直，左膝弯曲，左脚置于右膝外侧，左手置于体后，右手置于左膝外侧，保持姿势稳定，上身向左后转体，做腰部伸展运动，视线随着上身转动停留在身体后侧，左右交替完成。

(5)动作 5(图 2-3-6)：右腿屈膝置于体前，左腿屈膝置于体后，右手保持平衡，左手握住左脚踝带动小腿向臀部方向提起，左右交替完成。

图 2-3-5　动作 4

图 2-3-6　动作 5

(6)动作 6(图 2-3-7)：右小腿垂直于地面，左腿向后方伸直，脚背和小腿触垫，两手置于垫上，髋关节做最大限度地拉伸，左右交替进行。

(7)动作 7(图 2-3-8)：跪坐，两手在体后交叉相握，肩胛骨尽量向脊柱方向靠拢，挺胸。

图 2-3-7　动作 6

图 2-3-8　动作 7

(8)动作 8(图 2-3-9)：跪坐，双臂向斜上方延伸，低头，做肩部伸展运动。

图 2-3-9　动作 8

(9)动作 9(图 2-3-10)：跪坐，两手在头后交叉相握。呼气时做低头、仰头、左侧倒头、右侧倒头。

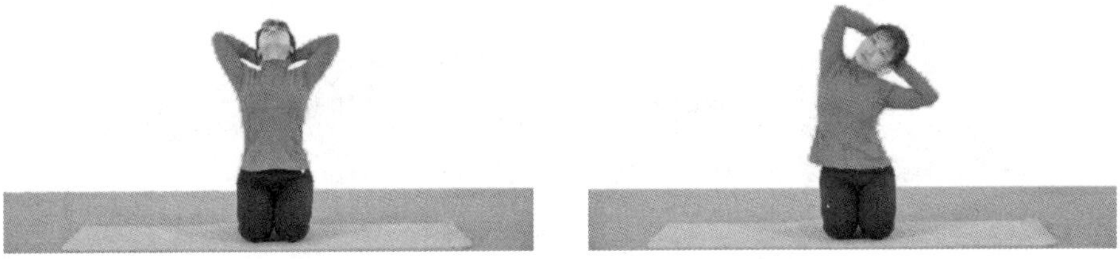
图 2-3-10　动作 9

三、训练评价

1. 评价要求

(1)训练身体核心稳定区的肌肉力量支撑能力，为客运服务人员提供活动能量，强化对身体稳定的控制能力，强调力量与美的结合，帮助其增强运动的耐久性，为专业训练和仪态训练做好身体素质储备。

(2)学会腹式呼吸，学会通过呼吸调整心率，掌握在突发情况下快速稳定心率，减轻压力，缓解紧张。

(3)在训练中塑造健康热情、自强自律的精神面貌，培养吃苦耐劳、团结协作、精益求精的工作作风。

2. 评价内容

评价内容见表 2-3-1。

表 2-3-1　核心稳定热身训练自评/互评工单

姓名：____________　地点：____________　时间：____________

训练任务	考查要点	分值	个人评分（30%）	组内评分（30%）	教师评价（40%）	最终得分
核心稳定热身训练	动作完整(9个)	30				
	规范标准	30				
	专注度高	10				
	精神面貌饱满	10				
	小组完成协调统一	20				
合计		100				

任务二　核心稳定组合训练

一、训练内容

1. 侧向平板支撑

身体侧卧，双腿伸直，右臂弯曲形成 90°角，左臂置于左侧髋部。右前臂发力，髋部抬离地面，身体呈斜线，保持 30～120 s，如图 2-3-11 所示，左右交替。推起时前臂和髋部要均匀用力，避免肩部过多受力，保持呼吸平稳，鼻吸口呼。

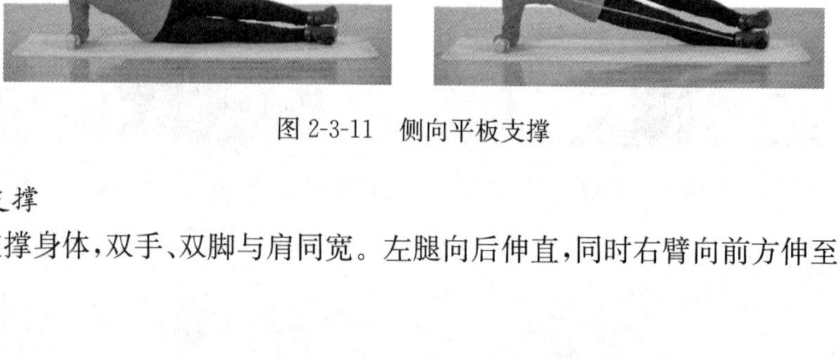

图 2-3-11　侧向平板支撑

2. 四肢支撑

用四肢支撑身体，双手、双脚与肩同宽。左腿向后伸直，同时右臂向前方伸至与地面平行，然后返回初始姿势，如图 2-3-12 所示，另一侧动作要领相同，左右交替进行。训练过程中背部保持平直，避免急促动作，呼吸平稳，鼻吸口呼。

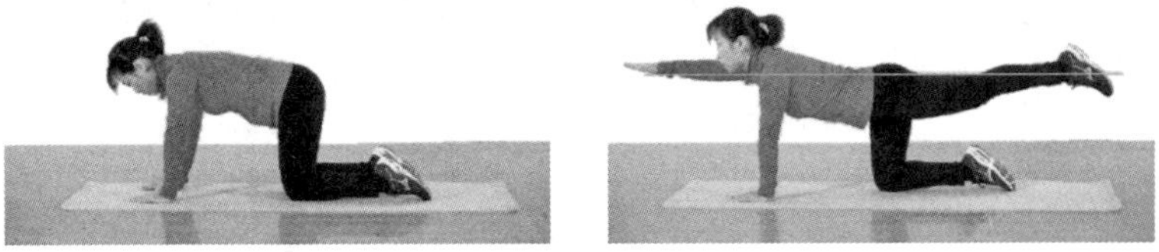

图 2-3-12　四肢支撑

3. 桥形支撑

仰卧于地面，双臂伸直，双膝与肩同宽。脚跟向下推地，抬起髋部，使躯干与大腿成一条直线，如图 2-3-13 所示，保持 30 s 后回到原位。训练过程中注意发力点在脚跟，避免过度伸展或腹肌高于大腿。保持呼吸平稳，鼻吸口呼，发力时呼气。

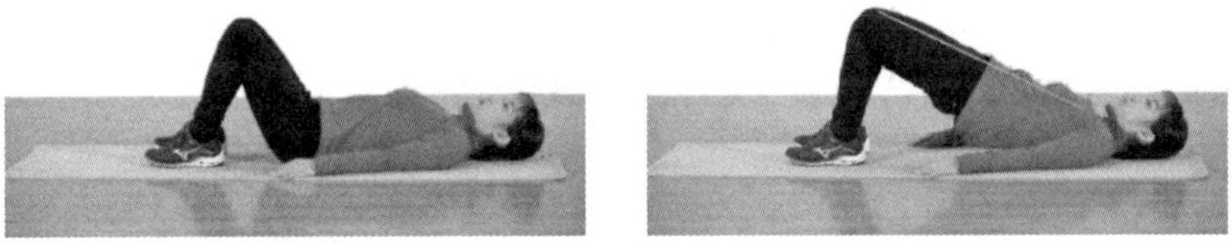

图 2-3-13　桥形支撑

4. 剪刀腿

仰卧于地面，双手放在身体两侧，大腿与小腿弯曲形成 90°角；右腿向下伸直，左腿向上伸直，双手握住左小腿支撑，同时收缩腹部肌肉，保持 5 s。然后双腿还原至初始位置，如图 2-3-14 所示，左右交替进行。训练过程中保持髋部稳定，收紧核心，呼吸平稳，鼻吸口呼，发力时呼气。

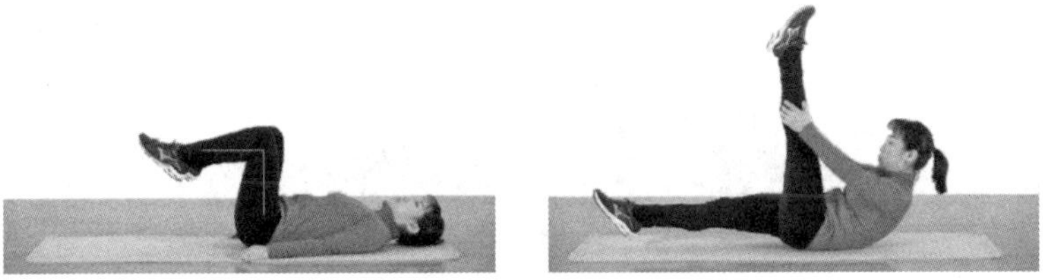

图 2-3-14　剪刀腿

5. 身体拉锯

利用前臂和双脚支撑身体，保持身体完全伸展成一条直线。身体适度前后摆动，如图 2-3-15 所示，每组 10 次，共 3 组。训练过程中收紧腹部核心，保持呼吸平稳，鼻吸口呼。注意避免身体抬升高于地面平行位置，防止过度使用的下背部。

图 2-3-15　身体拉锯

6. 直腿提升

仰卧于地面，双臂伸直置于身体两侧；双腿从地面抬起，抬至与地面接近垂直，随后放下双腿，与地面保持一定距离。训练过程中双腿快速抬起，缓慢下落，收紧腹部核心，保持呼吸平稳，鼻吸口呼，如图 2-3-16 所示。

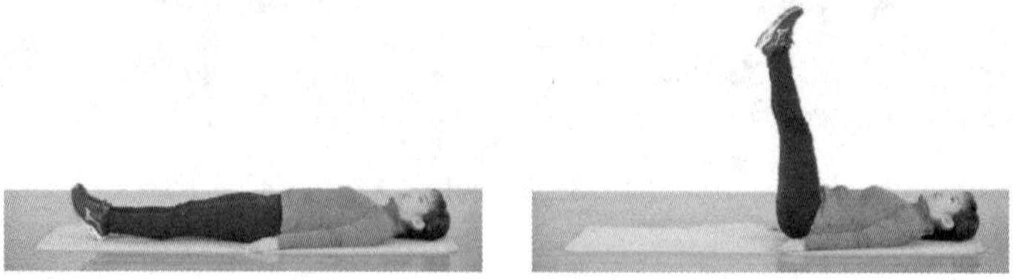

图 2-3-16　直腿提升

7. 侧卧髋部外展

侧卧于地面，双腿伸展，一腿叠放在另一腿的上方，左手支撑头部。抬起右腿至身体核心有明显发力感，保持这个姿势 30 s 还原，如图 2-3-17 所示，左右交替进行。训练时需保持身体呈一条直线，收紧腹部核心，保持呼吸平稳，鼻吸口呼，发力时呼气。

图 2-3-17　侧卧髋部外展

8. 自行车腹部提拉

仰卧于地面，双手抱头，双腿抬起。上身抬起并扭转躯干，用左侧肘部碰触右膝，如图 2-3-18 所示，左右交替进行。训练时需保持下颌抵住胸口，臀部紧贴地面，收紧腹部核心，呼吸平稳，鼻吸口呼，发力时呼气。

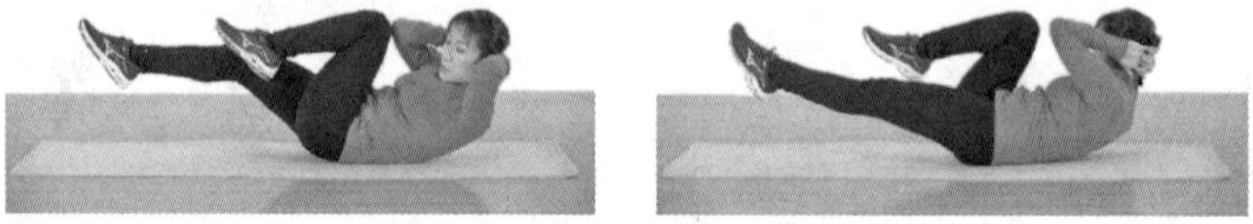

图 2-3-18　自行车腹部提拉

9. 坐式俄罗斯扭转

坐于地面上身直立，双腿弯曲，双脚平放，双臂前伸，身体微微后倾，保持身体核心稳定。向一侧旋转上身，回到起始位置，如图 2-3-19 所示，左右交替进行。训练时身体需平稳、有控制地扭转，保持背部平直，避免扭转时移动双膝或双脚。收紧腹部核心，呼吸平稳，鼻吸口呼，发力时呼气。

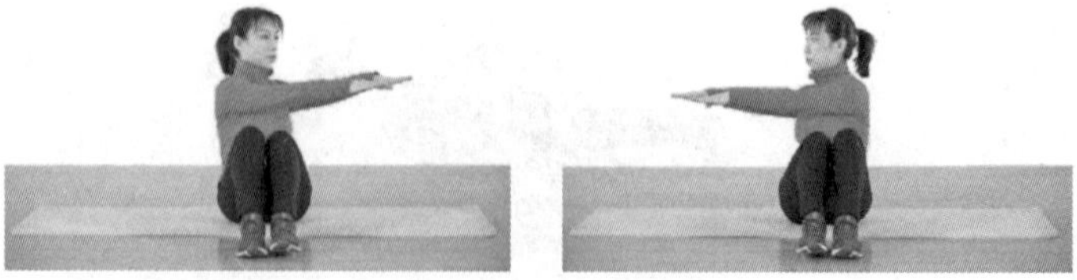

图 2-3-19　坐式俄罗斯扭转

二、训练评价

1. 评价要求

(1)训练身体核心稳定区的肌肉力量支撑能力，为客运服务人员提供活动能量，强化对身体稳定的控制能力，强调力量与美的结合，帮助其增强运动的耐久性，为专业训练和仪态训练做好身体素质储备。

(2)学会腹式呼吸，学会通过呼吸调整心率，掌握在突发情况下快速稳定心率，减轻压力，缓解紧张。

(3)在训练中塑造健康热情、自强自律的精神面貌，培养吃苦耐劳、团结协作、精益求精的工作作风。

2. 评价内容

评价内容见表2-3-2。

表2-3-2　核心稳定组合训练自评/互评工单

姓名：________　　地点：________　　时间：________

训练任务	考查要点	分值	个人评分（30%）	组内评分（30%）	教师评价（40%）	最终得分
核心稳定组合训练	动作完整(9个)	30				
	规范标准	30				
	专注度高	10				
	精神面貌饱满	10				
	小组完成协调统一	20				
合计		100				

项目四　高速铁路客运服务人员心肺功能提升训练

任务引入

心肺功能是衡量身体素质的重要指标之一，随着年龄的增长，最大心率和最大摄氧量会逐渐下降。这会导致在进行相同强度的劳动时，主观上会感到更加费力。因此，维持最大摄氧量对缓解因年龄增长导致的有氧耐力下降至关重要。

请思考：

高速铁路客运服务人员进行心肺功能提升训练有什么积极意义？

任务一　TABATA热身训练

一、TABATA概述

TABATA是一种高强度训练，每组运动20 s、休息12 s，共8组，4 min即可令人达到极度疲劳。所谓高强度运动，是指达到最大摄氧量 17%的运动强度。如果以这种强度持续运动50 s就会让人极度疲劳，相当于完成一个 400 m 的全力冲刺，因此这是一种强度极高的训练方案。

运动训练专家通过研究发现，20 s 高强度运动和 10 s 休息的组合方式，每次训练 6～8 组，每周 4 次，持续 6 周，可显著提升身体的有氧耐力和无氧耐力，这两种能量供应系统贯穿所有的运动过程。

二、TABATA 热身训练内容

TABATA 热身训练包含大量跳跃动作，因此训练前需充分活动手腕和脚踝，并进行动态拉伸活动以提升心率，增加关节的柔韧性及肌肉的柔软度。

1. 关节放松

充分旋转腕关节、踝关节，使其放松，如图 2-4-1 所示。

图 2-4-1　放松

2. 体侧伸展

双臂伸直，双手交叉相握，上举至头顶，像被天空牵拉一样向上伸展，然后向左右两侧做体侧屈运动，如图 2-4-2 所示，伸展时呼气。

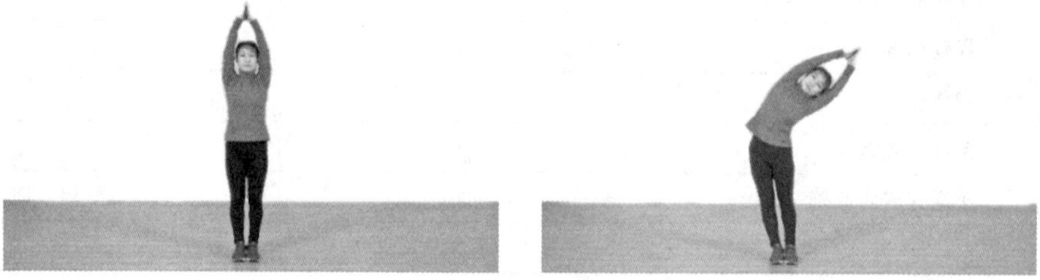

图 2-4-2　体侧伸展

3. 小绕肩

双手置于肩上，肘关节像画圆一样转动，如图 2-4-3 所示，做向前、向后绕环各 10 次。

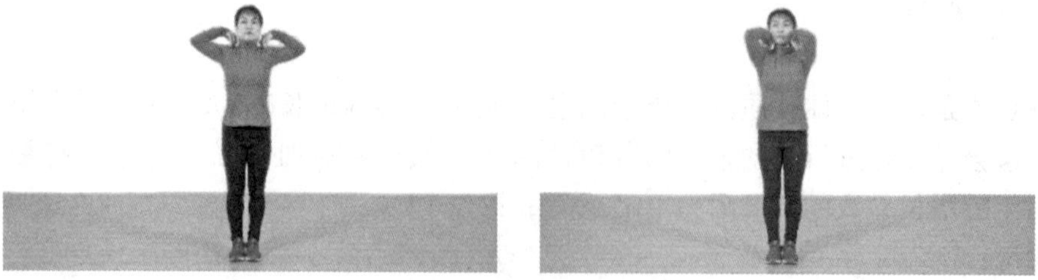

图 2-4-3　小绕肩

4. 大绕肩

手臂伸展，手肘微屈，做向前、向后大绕环运动各 10 次，如图 2-4-4 所示。

5. 转体

双脚平行分开站立，与肩同宽，转动躯干，屈肘，双手置于胸前，转动力量与幅度不要过大，如图 2-4-5 所示，左右转动 1 次为一组，共做 5 组。

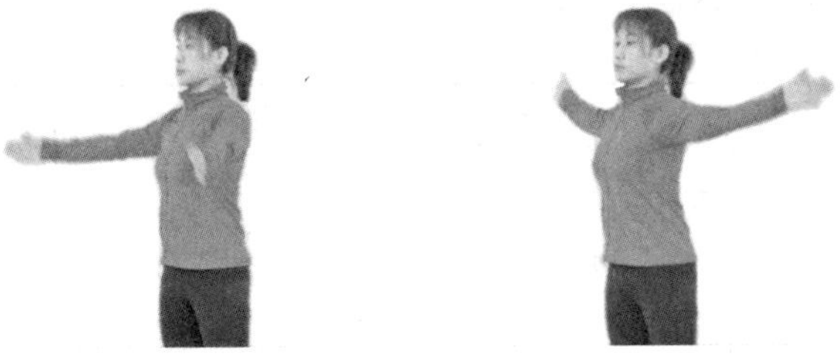

图 2-4-4　大绕肩

图 2-4-5　转体

6. 弹膝

双脚与肩同宽站立，身体完全放松，重心下沉至腰部，双脚保持不动，想象自己做小跳跃动作，向上轻盈如飘浮在空中，双手轻轻抖动，这能更好地起到放松，重复 20 次，如图 2-4-6 所示。

图 2-4-6　弹膝

7. 拉伸大腿前侧

直立，左膝弯曲向后抬起，左手抓住左脚背，髋关节充分伸展，背部挺直，脚跟尽量靠近臀部，保持 10 s，如图 2-4-7 所示，左右交替进行。

图 2-4-7　拉伸大腿前侧

三、训练评价

1. 评价要求

(1)能够完成整套训练动作，动作完成规范、准确、协调。

(2)个人训练时能够克服畏难情绪，克服身体的疼痛感，排除干扰，关注自身。

(3)团队训练时能够培养互相协作、互相鼓励的团队协作意识，塑造吃苦耐劳的工作品质，树立精益求精的工作态度。

2. 评价内容

评价内容见表 2-4-1。

表 2-4-1　TABATA 热身训练自评/互评工单

姓名：＿＿＿＿＿＿　地点：＿＿＿＿＿＿　时间：＿＿＿＿＿＿

训练任务	考查要点	分值	个人评分（30%）	组内评分（30%）	教师评分（40%）	最终得分
TABATA 热身训练	动作完整(7 个)	30				
	规范标准	30				
	专注度高	10				
	精神面貌饱满	10				
	小组完成协调统一	20				
合计		100				

视频

TABATA训练

任务二　TABATA 训练

一、TABATA 训练内容

TABATA 训练的每个动作都要尽量正确、有节奏、快速地完成。训练时可以在地板铺上软垫以减少对肢体关节的冲击。

1. 波比跳

从直立姿势开始，上体前屈，手撑地；随后双腿向后跳起伸直，呈俯卧撑姿势；双腿再跳回恢复到上体前屈姿势；起身回到直立姿势，如图 2-4-8 所示。为增加训练强度，可在动作结束后加入向上跳跃。练习时间为 20 s，要求动作标准、节奏稳定且快速完成。由于该动作简单易学，所以也可以作为训练的基本动作。

图 2-4-8　波比跳

2. 蹲跳和转体组合动作

背部保持挺直进行深蹲动作，屈膝至 90°，膝部不超出脚尖。从半蹲姿势开始，尽全力腾空跳起并在空中完成 90°转体，面向左侧或右侧着地，再跳起并在空中转体 90°，如图 2-4-9 所示，练习时间为 20 s。在 TABATA 训练中提高心率是关键，而像“深蹲”这样针对下肢的运动能够有效提升心率。

3. 登山式

双手撑地，间距与肩同宽，呈俯卧撑姿势；左膝弯曲向前，左脚着地，膝部不超过手臂，右腿

图 2-4-9　蹲跳和转体

充分伸直，随后蹬脚，使身体短暂腾空，在空中完成左右脚交替动作，如图 2-4-10 所示。脚的交替动作需有节奏地进行，练习时间为 20 s。登山式是一项比较轻松的训练内容，适合初学者。脚的交替动作尽量有节奏且快速地完成，否则无法达到训练负荷。

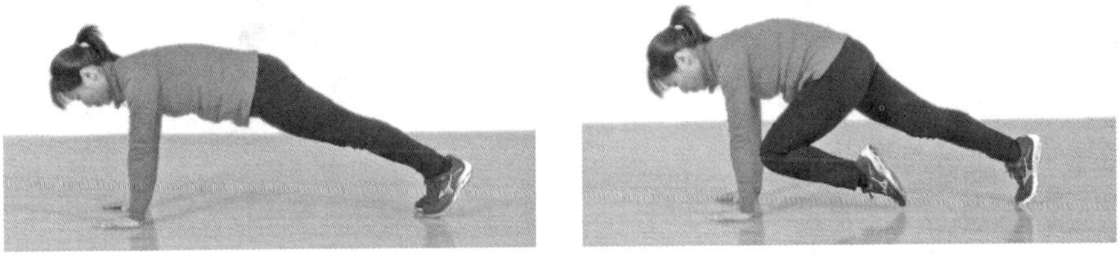

图 2-4-10　登山式

4. 原地跳跃和上肢上举组合动作

左脚站立，右腿屈膝抬起，左脚进行两次节奏分明的跳跃，第一次跳跃时双手下垂，第二次跳跃时双手上举并在头顶击掌。对侧动作要领相同，如图 2-4-11 所示，双脚交替进行，跳跃动作若很难完成，可以采用小跑步并配合双手上举的动作代替练习，练习时间为 20 s。训练时保持节奏感至关重要，双手上举时在头顶击掌能够更好地掌握节奏。

图 2-4-11　原地跳跃和上肢上举

5. 原地手触地跳

左脚在前，呈跑步姿势，重心落在右脚上，两手轻握拳，右手在前，左手在后。左脚跳起的同时，右膝向上抬起，左手向前上方出拳，右手收回至腰际，随后恢复初始姿势。接着左脚向后撤步，左膝触左手同时触地；然后返回初始姿势，如图 2-4-12 所示。练习时间为 20 s。训练时手触地动作要加大幅度，增加运动负荷。动作过程中腰背部要保持挺直状态。

图 2-4-12　原地手触地跳

6. 手触地和马步跳组合动作

双脚与肩同宽，屈膝，背部挺直，两手置于胸前，先以碎步向右移动，移动 3 步后，左手触地 1 次；对侧动作要领相同，如图 2-4-13 所示。练习时间为 20 s。马步跳是两脚边跳边向侧方移动。

图 2-4-13　手触地和马步跳

7. 侧跨步和深蹲组合动作

两脚并拢，两膝弯曲，膝部不超过脚尖，双手置于体侧。左脚向左侧横跨出一大步，双手半握置于胸前；双脚间距大于肩宽，半蹲，膝部不超出脚尖。随后返回初始动作，再向右侧重复动作，如图 2-4-14 所示。练习时间为 20 s。进行深蹲动作时背部要挺直，否则容易引起腰部受伤，膝部不超出脚尖，防止膝盖受伤。

图 2-4-14　侧跨步和深蹲

8. 前后左右开合跳

从双脚并拢、双膝微屈、双手置于腰间的预备姿势开始，双脚跳开呈“马步”，间距大于肩宽。双手可置于腰间，也可在头顶击掌，随后双脚跳回并步，练习动作为 5 次。双脚跳起呈前后弓步，右脚在前，右膝微屈，左脚在后，双手轻握拳于胸前；随后两脚再跳回并步；两脚前后交替进行，练习动作 5 次，如图 2-4-15 所示。这个动作是左右分腿跳跃和前后分腿跳跃的组合练习。练习时上身保持正直，避免摇晃。

9. 异侧手触脚

从双脚开立、与肩同宽的预备姿势开始，右脚向前抬起，用左手触摸右脚；随后左脚再向前

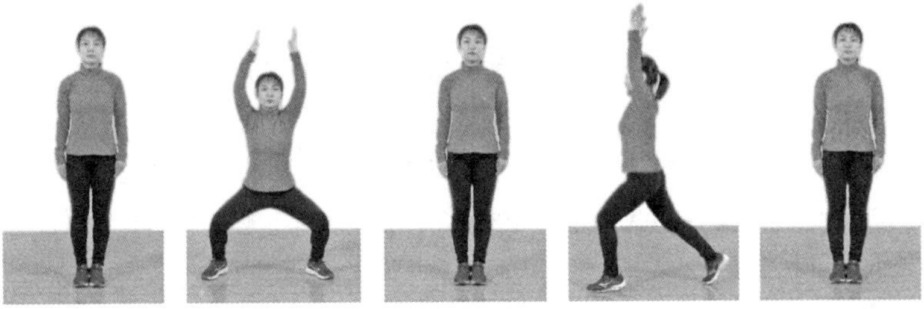

图 2-4-15 前后左右开合跳

抬起，用右手触摸左脚，左右交替各做两次。右脚后踢，右手触右脚，左脚后踢，左手触左脚，左右交替各做两次，如图 2-4-16 所示。练习时间为 20 s。异侧手触脚也被称作“巴西体操”，是足球运动员进行热身时最基础的准备动作之一。

图 2-4-16 异侧手触脚

二、训练评价

1. 评价要求

(1)能够完成整套训练动作，动作完成规范、准确、协调。

(2)个人训练时能够克服畏难情绪，克服身体的疼痛感，排除干扰，关注自身。

(3)团队训练时能够培养互相协作、互相鼓励的团队协作意识，塑造吃苦耐劳的工作品质，树立精益求精的工作态度。

2. 评价内容

评价内容见表 2-4-2。

表 2-4-2 TABATA 训练自评/互评工单

姓名：________ 地点：________ 时间：________

训练任务	考查要点	分值	个人评分（30%）	组内评分（30%）	教师评分（40%）	最终得分
TABATA 训练	动作完整(9 个)	30				
	规范标准	30				
	专注度高	10				
	精神面貌饱满	10				
	小组完成协调统一	20				
合计		100				

任务三　精准拉伸训练

拉伸是身体日常保养的重要部分，日常生活中大部分人都会进行各种形式的拉伸动作。例如早上打哈欠时，人们常常举起双手、伸展手臂、弯曲背部。坚持拉伸不仅能够缓解疲劳，也可以通过拉伸增加力量，如图 2-4-17 所示。

当客运服务人员完成繁重的客运服务工作时，其颈部、肩部、腿部等区域的肌肉会持续收缩，参与工作的肌肉会产生一种代谢副产品——乳酸。开始肌肉会出现灼热感；随着疲劳程度不断增加，灼热的区域会逐渐出现疼痛。当身体释放所有重量后，疼痛通常会缓解，因为血液能帮助消除肌肉中的乳酸。如果肌肉持续收缩，就会造成乳酸过量积累的问题。

科学研究表明，肌肉的化学成分会随着疼痛而改变。拉伸可以增加肌肉的血流量，使其更加彻底地放松。随着血液循环的增加，血液将引起疼痛的物质从肌肉中清除，进而缓解疼痛。

图 2-4-17　拉伸

一、拉伸原则

拉伸的黄金准则为以最小的关节活动达到最大程度的拉伸，须拉伸正确的肌肉，避免影响其他肌肉和关节。拉伸过程中需缓慢拉伸，避免引起疼痛。

二、训练内容

1. 斜方肌拉伸

斜方肌是一块大而扁平的肌肉，位于肩部、颈部和上背部的浅层，靠近皮肤。当下意识地耸肩时，会导致斜方肌紧绷和缩短，这一动作会使肩部持续静态紧绷，从而导致整个区域的肌肉紧张，出现疼痛和疲劳感。

常用的拉伸斜方肌的方法为坐在椅子上，双脚分开一定距离，背部和腹部稍微收紧。右手伸向身后，抓住椅子边缘。上半身向左倾斜，保持头部竖直，此时右肩或右侧上臂有轻微的拉拽感。小心地将头部靠向左侧将面部继续转向左侧，左手扶头部，缓慢地将颈部向左侧拉伸，保持 5～10 s。颈部和肩部感到轻微刺痛时停止动作，让肌肉休息 5～10 s。之后将头向左移动，进一步拉伸，直至达到新的终止点。重复 2～3 次。

2. 胸锁乳突肌拉伸

胸锁乳突肌在颈部前侧部分，贴近皮肤，如弯腰驼背地坐着看电视或玩电脑会导致这块肌肉缩短。

常用的拉伸胸锁乳突肌的方法为在锁骨的右侧找到肌肉的连接点，将三个手指放在该点下方 2.5 cm 处，将左手放在右手手指上以固定位置。缓缓向后侧和左侧移动头部，直到颈部右侧有轻微的灼热感。保持 5～10 s。将头部移回初始位置并控制住。头部向后、向侧面移动以进一步拉伸，直至到达新的终止点。重复 2～3 次。

3. 枕下肌群拉伸

枕下肌群位于颅底的正下方。头部前伸、与身体不在一条直线上的不良姿势会导致肌肉处于静态紧张状态，会使人在凝视前方时难以看向地面，进而导致肌肉缩短。其典型症状是下巴无法碰到肩部。

常用的拉伸枕下肌群的方法为双手交握十指相扣，置于颅底部位。用拇指推压颅底正下方的肌肉。头部与手掌反方向运动用力，产生阻抗力，保持 5～10 s，感受肌肉推挤拇指。然后放松肌肉 5～10 s，头部继续向前伸，进一步拉伸肌肉，直至肌肉有拉伸感或有轻微的刺痛感，达到新的终止点。重复 2～3 次。

4. 背阔肌拉伸

背阔肌是一块非常宽大的肌肉，位于身体背部，靠近皮肤表面。由于多数的主要运动都是手臂在头部下方的位置完成的，因此背阔肌通常会因为缺乏运动而紧绷或缩短。

常用的拉伸背阔肌的方法为坐立于椅子上，双脚分开一定距离踩实地面。右脚踝放在左大腿上。保持背部挺直，腹部收紧。右手臂举过头顶，上臂贴近耳部。手臂靠在头部和颈部。上半身保持直立向左侧倾斜，拉伸 5～10 s。身体向左上方伸展 5～10 s。上身保持直立产生阻抗力，坚持 5～10 s。重复 2～3 次。过程中不要为了坐直而过度收紧其他肌肉；身体前倾而不是侧倾；手臂要尽量高举，以达到更好的拉伸效果。

5. 臀大肌拉伸

臀大肌是身体最大肌肉之一。当背部或腿部后侧或外侧出现疼痛，身体无法前屈时，说明臀大肌的肌肉紧张，需要拉伸。

常用的拉伸臀大肌的方法为站立于一把坚固的椅子前，椅子高度可根据柔韧性调整。右脚踩在椅子上，保持背部挺直，腹部收紧。弯曲左腿，拉伸肌肉 5～10 s，直至右臀部有明显拉伸感。放松肌肉 5～10 s。右脚向下踩 5～10 s，产生阻抗力。然后继续弯曲左腿进一步拉伸肌肉。重复 2～3 次。拉伸过程中要注意前腿高度不要过低，背部保持挺直，且膝盖不要向外扭转。

6. 梨状肌拉伸

梨状肌位于臀大肌内面，是影响髋关节活动的深层肌肉。久坐会使梨状肌紧绷或者缩短。当臀部出现局部疼痛、麻木或者疼痛从大腿后侧一直延伸至膝盖后侧、膝盖外侧疼痛时都与梨状肌有关系。

常用拉伸梨状肌的方法为坐于椅子上，双脚并拢，背部挺直。右腿搭在左腿上，右脚外侧置于左腿膝盖上方。收紧腹部，腰背部尽量向前拱起。一只手放在右膝上，轻轻向下压并固定住膝盖。上半身向前倾斜，拉伸肌肉 5～10 s，直至肌肉出现轻微刺痛感。放松肌肉 5～10 s 后，膝盖抵住手掌向上抬，产生阻抗力，保持 5～10 s。直至肌肉再次出现拉伸感。重复 2～3 s。

三、训练评价

1. 评价要求

（1）掌握身体拉伸的原则及方法，学会通过拉伸缓解身体疲劳及疼痛。

（2）在训练中培养健康热情、自强自律的精神面貌，培养吃苦耐劳、团结协作、精益求精的工作作风。

（3）能够完成整套训练动作，动作完成规范、准确、协调。

（4）个人训练时能够克服畏难情绪，克服身体的疼痛感，排除干扰，关注自身。

（5）团队训练时能够培养互相协作、互相鼓励的团队协作意识，塑造吃苦耐劳的工作品质，树立精益求精的工作态度。

2. 评价内容

评价内容见表 2-4-3。

表 2-4-3　精准拉伸训练自评/互评工单

姓名：________　　地点：________　　时间：________

训练任务	考查要点	分值	个人评分（30%）	组内评分（30%）	教师评分（40%）	最终得分
精准拉伸训练	动作完整（6 个）	30				
	规范标准	30				
	专注度高	10				
	精神面貌饱满	10				
	小组完成协调统一	20				
合计		100				

学习小结

身体素质训练是对高速铁路客运服务人员的工作性质进行的针对性训练，是高速铁路客运服务人员形体训练的重要内容之一，目的是提高身体各部位的柔韧性与力量支撑，对提高工作技能有重要作用。这部分内容将为后面的专业形体训练奠定基础，需要持续训练才能达到相应效果。

知识拓展

高速铁路客运服务岗位规范流程——“复兴号”动车组列车、“和谐号”动车组列车列车员作业流程

“复兴号”动车组列车、“和谐号”动车组列车列车员作业流程主要包含五种作业，分别是出

乘准备、接车准备、始发作业、途中作业和终到作业，具体工作内容如下图：

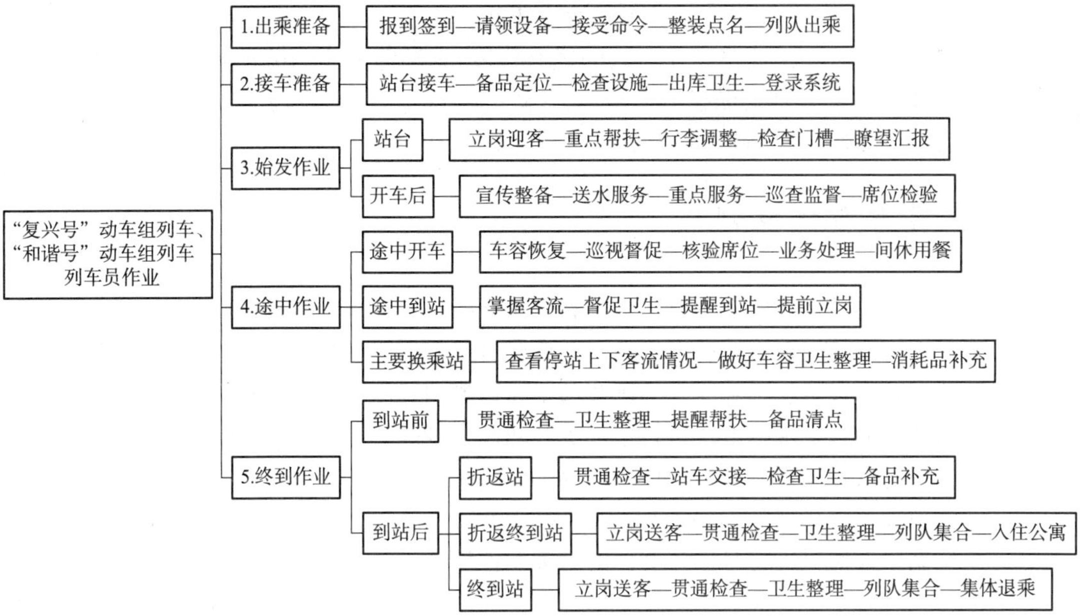

铁路客运服务先锋

"最美铁路人"吕盼

吕盼是北京局集团公司北京客运段"雪之梦"乘务组列车长，在北京冬奥会、冬残奥会期间向世界展示了中国高速铁路服务品质。

2013 年，吕盼加入了铁路大家庭，十几年来扎根铁路窗口服务岗位，先后值乘京哈线、京广线、京张高速铁路动车组列车。

当 2019 年 9 月北京局集团公司北京客运段启动了服务保障冬奥会的筹备事宜，她和同事们都觉得能够参与服务冬奥是一件特别光荣的事，都争先恐后报了名。当通过服务素养、业务能力、列车应急处置和个人形象等综合考察后，她很幸运成了一名预备人员。接下来的两年时间，她一边工作一边进行强化培训，全面备战冬奥。

冬奥会前夕，北京客运段又对筹备人员进行了一次培训、综合考察，吕盼终于正式成为一名值乘冬奥列车的列车长。在北京冬奥会、冬残奥会期间，她印象最深刻的是，很多的外国友人在乘坐列车时，都会主动用汉语跟他们交流。

"当我们能听懂，并跟他们进行互动的时候，他们都特别高兴。我想这是因为我们在备战冬奥的同时，全世界也在关注着中国，他们也在为来中国做着充足准备。越来越多的国际友人在学习中文、在了解中国文化、在向往中国。中国高速铁路作为一张靓丽名片，被越来越多国际友人熟知、认可，他们能和代表中国高速铁路的我们进行交流，我感到特别高兴，作为一名中国人、一名铁路人特别骄傲和自豪。"

她最感到自豪的就是能够担任冬奥专列列车长，和同事们一起为服务冬奥会贡献自己的力量。她和乘务组的姐妹们成立了"雪之梦"服务品牌，一心优化服务、延伸服务，认真观察每一名旅客需求，探索推出了重点旅客呼叫器、盲文服务卡、婴幼儿安睡床、耳鸣操等十余项特色服务。

在北京冬奥会、冬残奥会期间，吕盼共安全值乘冬奥列车97趟，和班组同事一同圆满完成了2022年北京冬奥会、冬残奥会服务保障运输任务。

“最美铁路人”是我国铁路产业工人的优秀代表，是勤勉务实的劳动者、脚踏实地的奋斗者、朴实无华的追梦者。他们弘扬劳模精神、劳动精神、工匠精神，激励广大铁路干部职工团结奋斗、埋头苦干，为推动铁路高质量发展作出新的更大贡献。

同步思考与技能训练

1. 请以视频形式呈现天鹅颈打造训练和肩颈舒缓拉伸训练内容，各5组。
2. 请以视频形式呈现手臂肌肉训练和圆肩驼背改善训练内容，各5组。
3. 请以视频形式呈现腰部肌肉训练和马甲线速成训练内容，各5组。
4. 请以视频形式呈现腿部线条打造训练和腿部力量提升训练内容，各5组。
5. 请以视频形式呈现核心稳定训练内容，5组。
6. 请以视频形式呈现TABATA训练内容，8组。
7. 请根据个人情况进行身体各部位的精准拉伸训练。

模块三　高速铁路客运服务人员专业形体训练

知识导图

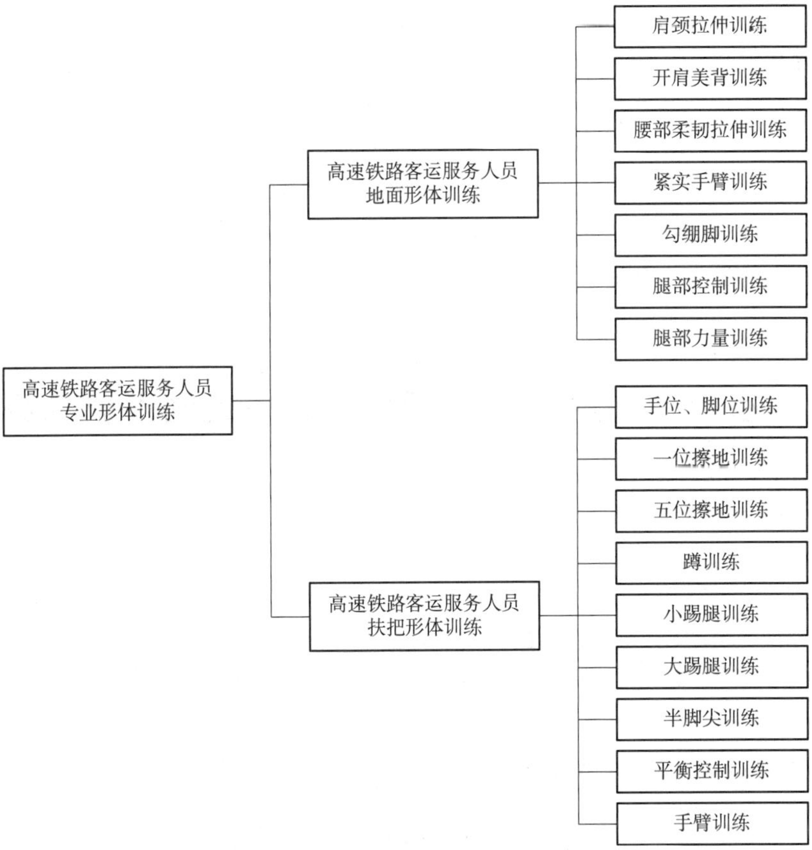

模块概述

本模块主要介绍高速铁路客运服务人员专业形体训练，包含 2 个项目、16 个任务，每个任务都可通过训练评价进行自评与互评总结。在了解高速铁路客运服务人员实际工作场景基础上，领会进行专业的形体训练对客运服务工作的意义与作用，掌握专业形体训练的训练方法是展现良好服务仪态的基础与路径，是奠定优质客运服务工作的基石。

学习目标

1. 素养目标

(1)塑造健美的身姿和优美的腿部肌肉线条,培养身体的协调性、节奏感和音乐感,建立科学的审美观念,提升审美素养。

(2)培养服务旅客的意识和习惯,彰显高速铁路客运服务人员应具备的礼仪素养和职业素质,用良好的礼仪形象提升职业内涵。

(3)培养吃苦耐劳、精益求精的工作品质。

2. 知识目标

(1)了解地面形体训练的意义和注意事项。

(2)了解扶把形体训练的动作标准和训练方法。

(3)明确形体训练的动作要领,掌握16项训练的方法和内容。

3. 能力目标

(1)能够完成地面形体训练与扶把形体训练的训练内容。

(2)能够明确扶把形体训练的训练重点与难点问题。

(3)能够主动运用多种学习模式进行训练,调整良好的训练状态,提升训练效果,快速实现训练目标。

项目一　高速铁路客运服务人员地面形体训练

任务引入

地面形体训练是根据人体生理结构的特点,科学组编而成的一组训练内容,它以挺拔向上、舒展灵活的舞蹈动作为基础,帮助高速铁路客运服务人员塑造良好的外在形象,提升气质,促进身心健康,为进一步提高铁路运输企业的客运服务质量做好职业素养储备。

请思考:

作为非专业人士,你应该以怎样的心态面对专业化的训练?

任务一　肩颈拉伸训练

长期伏案工作、低头看手机都会使肩颈部肌肉变得僵硬,难以轻松自如地活动。时常进行肩颈拉伸训练可以使肩颈肌肉得到放松和舒缓。

一、训练要领

(1)肩颈拉伸训练要求脊背向上挺拔,挺胸收腹,身体保持稳定,双肩放松,自然下垂,颈部保持向上延伸的自然状态。

(2)训练时,颈部分别向前、后、左、右四个方向做牵拉和转动。向前时,双肩平正,下颌收回，使颈部后侧感受到明显的拉伸；向后时轻咬牙关，颈部前侧感受到明显的拉伸；向左时右肩下沉，保持稳定，左耳向左肩方向延伸；向右时，左肩下沉，保持稳定，右耳向右肩方向延伸。

（3）在规定的音乐中完成训练，注重将动作准确化、音乐节奏和韵律美感融合统一。

视频

肩颈拉伸训练

二、训练内容

整套动作由放松舒缓和肩颈拉伸两部分组成。

1. 放松舒缓

（1）肩部放松：跪坐于地面，双手叉腰。先将肩膀耸起再缓慢落下，如图 3-1-1 所示。肩膀下沉的时候要稍用力，但身体其他部位保持放松，重复 10 次。

（2）手肘正、反环绕：手搭肩，手肘正、反方向环绕，如图 3-1-2 所示。手肘向后环绕的时候，感受到整个身体和肩膀的舒展；向前环绕的时候小臂要尽量贴拢。前后各 10 次。注意在做动作时，身体保持直立状态。

图 3-1-1　肩部放松

图 3-1-2　手肘正、反环绕

（3）含胸抬头：含胸再抬头，上身放松，先把肩膀内扣，身体放松，再慢慢舒展身体抬头向上，如图 3-1-3 所示。动作一定不要太僵硬，感受身体的舒展与放松。

（4）抬头天鹅飞：加上芭蕾的天鹅臂更大幅度的训练，如图 3-1-4 所示。这个动作在放松肩颈的同时，还可以塑造紧致的手臂线条。

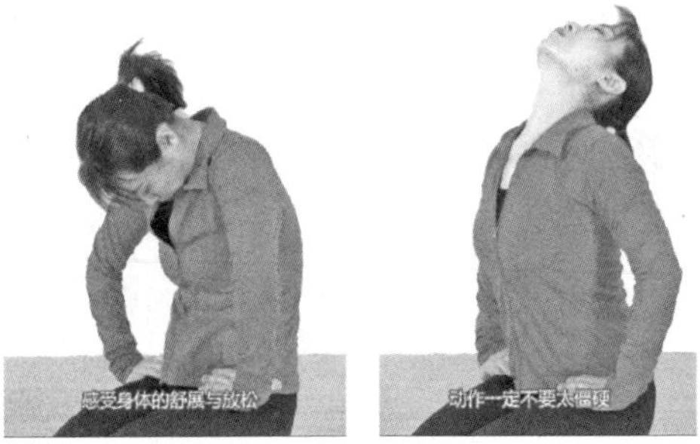

图 3-1-3　含胸抬头

图 3-1-4　抬头天鹅飞

2. 肩颈拉伸

（1）准备动作：面向∠1[1]跪坐于地面，双手叉腰，如图 3-1-5 所示。

[1] 身体方位是指人在室内身体朝向的角度，一共分为 8 个角度，标记方法为“∠”，分别记为“∠1、∠2、∠3、∠4、∠5、∠6、∠7、∠8”。例如，“∠1”指室内正前方的“12 点钟”方向，然后顺时针每 45°为一角，以此类推。后同。

(2)动作 1:①颈部向前,②回到原位,③颈部向后,④回到原位,⑤颈部向前,⑥回到原位,⑦颈部向后,⑧回到原位,如图 3-1-6 所示[1]。

图 3-1-5　准备动作

图 3-1-6　动作 1

(3)动作 2:①颈部右倾,②回到原位,③颈部左倾,④回到原位,⑤颈部右倾,⑥回到原位,⑦颈部左倾,⑧回到原位,如图 3-1-7 所示。

图 3-1-7　动作 2

(4)动作 3:①-②颈部右转 45°,看∠2 方向;③-④继续右转 45°,看∠3 方向;⑤-⑥颈部左转 45°,看∠2 方向;⑦-⑧继续左转 45°,看∠1 方向,如图 3-1-8 所示。

图 3-1-8　动作 3

(5)动作 4:①-②颈部左转 45°,看∠8 方向;③-④继续左转 45°,看∠7 方向;⑤-⑥颈部右转 45°,看∠8 方向;⑦-⑧继续右转 45°,看∠1 方向,如图 3-1-9 所示。

(6)动作 5:①-②颈部右转 90°,看∠3 方向;③-④颈部左转 90°,看∠1 方向;⑤-⑥颈部左转 90°,看∠7 方向;⑦-⑧颈部右转 90°,看∠1 方向。

(7)动作 6:①-②颈部右转 90°,看∠3 方向;③-④颈部左转 90°,看∠1 方向;⑤-⑥颈部左转 90°,看∠7 方向;⑦-⑧颈部右转 90°,看∠1 方向,如图 3-1-10 所示。

---

[1] ①、②、③、④、⑤、⑥、⑦、⑧此标记为节拍数,①-②意为第 1、2 拍,③-④意为第 3、4 拍,⑤-⑥意为第 5、6 拍,⑦-⑧意为第 7、8 拍,后同。

图 3-1-9　动作 4

图 3-1-10　动作 6

(8)动作 7:①-⑧颈部从低头开始,顺时针匀速环动一周,回到初始位置。

(9)动作 8:①-⑧颈部从低头开始,逆时针匀速环动一周,回到初始位置。

三、训练评价

1. 评价要求

(1)能够在规定时间内完成整套训练动作。

(2)动作规范、准确、协调。

(3)个人训练时能够克服畏难情绪,克服身体的疼痛感,排除干扰,关注自身。

(4)团队训练时能够培养互相协作、互相鼓励的团队协作意识,塑造吃苦耐劳的工作品质,树立精益求精的工作态度。

2. 评价内容

评价内容见表 3-1-1。

表 3-1-1　肩颈拉伸训练自评/互评工单

姓名:______　　地点:______　　时间:______

训练任务	考查要点	分值	个人评分(30%)	组内评分(30%)	教师评分(40%)	最终得分
肩颈拉伸训练	动作完整	10				
	动作规范	20				
	节奏准确	30				
	精神面貌饱满	20				
	小组完成协调统一	20				
合计		100				

任务二　开肩美背训练

一、训练要领

(1)挺胸收腹,身体保持相对稳定,注重核心力量的控制能力。

(2)使用正确的呼吸方法,运动发力时呼气。

(3)双手双腿向上抬起至最高点,同时向相反方向延伸。

(4)在规定的音乐中完成训练,注重将动作精度、音乐节奏和韵律美感融合统一。

二、训练内容

整套动作由热身活动、开肩美背、缓慢拉伸三部分组成。

1. 热身活动

(1)动作1:进行热身展背,盘坐于地面,双臂从身体前方缓慢向斜上方展开,同时手臂进行轻微的震颤动作,如图3-1-11所示。

(2)动作2:半身背起(图3-1-12)。俯身于地面,双腿分开,髋部始终贴合于地面,双臂用力推起上身,同时头部向后仰,稍作停顿后再缓慢落回原位。

图3-1-11　热身展背

图3-1-12　半身背起

2. 开肩美背

(1)动作1:向后夹臂。低头,手臂向前延伸;抬头,抬起上身,手臂向后展开;落回原位,共做4次,如图3-1-13所示。

(2)动作2:手脚同起。双手双脚同时起落,尽量向高抬起,头部随身体浮动,共做8次,如图3-1-14所示。

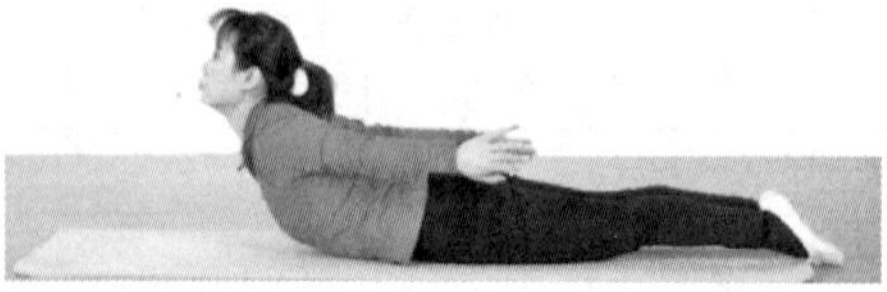

图3-1-13　向后夹臂

图3-1-14　手脚同起

(3)动作3:手脚交叉起。背肌收紧,向上提起右臂左腿,抬头;回原位;向上提起左臂右腿,抬头,回原位,如图3-1-15所示。共做4次。

(4)动作4:手脚两侧起。手臂向两侧延伸做天鹅臂4次;抬腿做天鹅臂延伸8次。右臂左腿同时抬 1 次；左臂右腿同时抬 1 次，如图 3-1-16 所示。重复动作 1～动作 4 两次。

图 3-1-15　手脚交叉起

图 3-1-16　手脚两侧起

3. 缓慢拉伸

半身背起，慢起慢落，如图 3-1-17 所示。

图 3-1-17　缓慢拉伸

三、训练评价

1. 评价要求

(1)能够在规定时间内完成整套训练动作。

(2)动作规范、准确、协调。

(3)个人训练时能够克服畏难情绪，克服身体的疼痛感，排除干扰，关注自身。

(4)团队训练时能够培养互相协作、互相鼓励的团队协作意识，塑造吃苦耐劳的工作品质，树立精益求精的工作态度。

2. 评价内容

评价内容见表 3-1-2。

表 3-1-2　开肩美背训练自评/互评工单

姓名：______________　　地点：______________　　时间：______________

训练任务	考查要点	分值	个人评分(30%)	组内评分(30%)	教师评分(40%)	最终得分
开肩美背训练	动作完整	10				
	动作规范	20				
	节奏准确	30				
	精神面貌饱满	20				
	小组完成协调统一	20				
合计		100				

任务三　腰部柔韧拉伸训练

一、训练要领

(1)保持良好的腰部控制能力,身体保持相对稳定,注重核心力量的控制。

(2)使用正确的呼吸方法,运动发力时呼气。

(3)在规定的音乐中完成训练,注重将动作精度、音乐节奏和韵律美感融合统一。

视频

腰部柔韧拉伸训练

二、训练内容

这套针对腰部塑形的训练共由九个动作组成,每组动作时间为 30 s。

(1)动作 1:双脚开立,双手放于头部,上半身向一侧倾斜的同时同侧手指向远处移动,划至体后,如图 3-1-18 所示。

(2)动作 2:双脚开立,双手交叉举至头顶,向一侧倾斜,背部挺直,髋部保持稳定,拉伸腰部双侧肌肉,如图 3-1-19 所示。

(3)动作 3:双脚开立略宽于双肩,双臂打开。手臂向对侧腿方向延伸成对角线。呼气时将手臂向对角线方向移动,吸气时起身回正,如图 3-1-20 所示。

(4)动作 4:双脚开立略窄于肩宽,手掌放在大腿外侧并上下移动,侧向拉伸腰部,双肩要同时移动,如图 3-1-21 所示。

图 3-1-18　动作 1

图 3-1-19　动作 2

图 3-1-20　动作 3

图 3-1-21　动作 4

(5)动作 5:抬膝的同时将肘部和膝盖靠近,呼气抬膝,保持身体稳定,吸气回正,如图 3-1-22 所示。

(6)动作 6:双腿开立与肩同宽,上臂并拢,将髋部向后倾斜,并收紧臀部,上臂左右移动,如图 3-1-23 所示。

(7)动作 7:双腿分开,伸展双臂,右臂向上延伸的同时左臂反向向下延伸,拉伸腰部,呼气拉伸吸气回正,如图 3-1-24 所示。

(8)动作 8:双手合十,脚尖点地。肘部尽可能向后挤压的同时膝盖向内挤压,关键在于保持髋部稳定的同时移动髋部,如图 3-1-25 所示。

(9)动作 9:双脚开立与肩同宽,一侧手叉腰,另一侧手臂由下向上斜对角线做拉伸,做时注意身体不要前倾,脚底要踩实地面,尽量拉伸腰部,如图 3-1-26 所示。

图 3-1-22　动作 5

图 3-1-23　动作 6

图 3-1-24　动作 7

图 3-1-25　动作 8

图 3-1-26　动作 9

三、训练评价

1. 评价要求

(1)各项动作完成要求规范、准确,动作与音乐律动要求协调一致。

(2)在训练中克服畏难情绪、关注自身状态,培养精益求精的工作态度。

2. 评价内容

评价内容见表 3-1-3。

表 3-1-3　腰部柔韧拉伸训练自评/互评工单

姓名:________　　地点:________　　时间:________

训练任务	考查要点	分值	个人评分(30%)	组内评分(30%)	教师评分(40%)	最终得分
腰部柔韧拉伸训练	动作完整	20				
	动作规范	20				
	节奏准确	10				
	精神面貌饱满	30				
	小组完成协调统一	20				
合计		100				

任务四　紧实手臂训练

一、训练要领

(1)双腿开立与肩同宽,踩实地面,挺胸收腹。

(2)身体挺拔舒展,收紧腰腹核心部位,身体保持稳定。

(3)动作与呼吸保持一致,注重手臂的延伸感。

(4)在规定的音乐中完成训练,注重将动作精度、音乐节奏和韵律美感融合统一。

视频

紧实手臂训练

二、训练内容

这套动作共有 8 个动作,每个动作完成为 30 s。

(1)动作 1:手臂上下翻转(图 3-1-27)。手腕带手臂上下翻转,身体保持稳定。

(2)动作 2:"C 字"画圈(图 3-1-28)。手臂由上至下,跟上节奏向后画半圈。

(3)动作 3:前、平侧举(图 3-1-29)。手指、手臂控制好,在胸前开合。

图 3-1-27　手臂上下翻转

图 3-1-28　"C 字"画圈

图 3-1-29　前、平侧举

(4)动作 4:手臂后推(图 3-1-30)。四指并拢,手臂左右延伸,手掌向后,手臂向后用力推,保持身体稳定。

(5)动作 5:手臂前推(图 3-1-31)。四指并拢,手臂左右延伸,手掌向前,手臂向前用力推,保持身体稳定。

(6)动作 6:手臂摆动(图 3-1-32)。四指并拢,手臂向下,由前向后发力推。

图 3-1-30　手臂后推

图 3-1-31　手臂前推

图 3-1-32　手臂摆动

(7)动作 7:屈臂侧平举(图 3-1-33)。上臂垂直于地面,大臂平行于地面。大臂发力向身体中间靠拢。

(8)动作 8:屈臂小幅泵动(图 3-1-34)。大臂平行于地面,小臂在体前夹紧,做上下泵动。拉伸放松:大臂拉伸,前臂拉伸。

图 3-1-33　屈臂侧平举

图 3-1-34　屈臂小幅泵动

三、训练评价

1. 评价要求

(1)能够在规定时间内完成整套训练动作。

(2)动作规范、准确、协调。

(3)个人训练时能够克服畏难情绪,克服身体的疼痛感,排除干扰,关注自身。

(4)团队训练时能够培养互相协作、互相鼓励的团队协作意识,塑造吃苦耐劳的工作品质,树立精益求精的工作态度。

2. 评价内容

评价内容见表 3-1-4。

表 3-1-4　紧实手臂训练自评/互评工单

姓名:__________　　地点:__________　　时间:__________

训练任务	考查要点	分值	个人评分(30%)	组内评分(30%)	教师评分(40%)	最终得分
紧实手臂训练	动作完整	20				
	动作规范	30				
	节奏准确	10				
	精神面貌饱满	20				
	小组完成协调统一	20				
合计		100				

任务五　勾绷脚训练

一、训练要领

1. 区分脚趾、脚背、脚腕的功能区域,做到有效控制。
2. 区分勾脚趾与勾脚背、绷脚趾与绷脚背的动作区别,动作做充分。
3. 坐立于地面时要求上身挺拔舒展,腰部力量坚实,挺胸收腹,保持稳定。
4. 在规定的音乐中完成训练,注重将动作精度、音乐节奏和韵律美感融合统一。

视频

勾绷脚训练

二、训练内容

1. 弯腿训练

先勾脚趾,然后勾脚心,再勾整个脚掌,最后将脚放平,如图 3-1-35 所示,重复这个动作。对于初学者来说,在屈膝的姿势下进行脚部的分离动作会更容易掌握。

2. 直腿训练

训练时腿部保证正位,既不内旋也不外旋,腿部并拢伸直。

(1)动作 1:“整脚勾—整脚绷”训练。勾脚时脚跟会稍微离开地板。勾脚与绷脚都要伸直膝盖。

(2)动作 2:分解做“勾脚—放松—绷脚”训练。

(3)动作 3:连贯做“勾脚—放松—绷脚—放松—勾脚—放松—绷脚”训练。动作过程中腿部伸直拉长,找到脚跟向远延伸的感受。

(4)动作 4:按照节拍要求做勾脚与绷脚的循环动作,动作熟练掌握后再继续做勾脚趾—勾全脚—绷脚背—绷全脚的完整训练内容,如图 3-1-36 所示。

图 3-1-35　弯腿训练

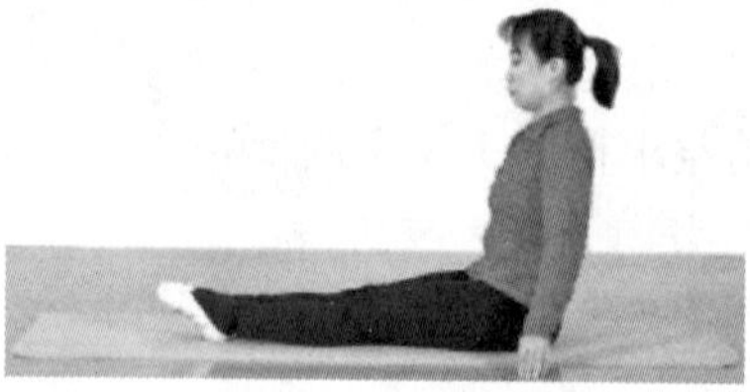

图 3-1-36　直腿训练

3. 完整训练

图 3-1-37　准备动作

准备动作：两腿并拢伸直，绷脚背，两手放在身体两侧，中指点地，如图 3-1-37 所示。

(1)动作 1：①-②勾全脚；③-④绷全脚；⑤-⑥勾全脚；⑦-⑧绷全脚。

(2)动作 2：①-②勾全脚；③-④绷全脚；⑤-⑥勾全脚；⑦-⑧绷全脚。

(3)动作 3：①-②勾脚趾；③-④勾全脚；⑤-⑥绷脚背；⑦-⑧绷全脚。

(4)动作 4：①-②勾脚趾；③-④勾全脚；⑤-⑥绷脚背；⑦-⑧绷全脚。

(5)动作 5：①-②勾全脚；③-④绷全脚；⑤-⑥勾全脚；⑦-⑧绷全脚。

(6)动作 6：①-②勾全脚；③-④绷全脚；⑤-⑥勾全脚；⑦-⑧绷全脚，如图 3-1-38 所示。

图 3-1-38　动作 6

三、训练评价

1. 评价要求

(1)能够在规定时间内完成整套训练动作。

(2)动作规范、准确、协调。

(3)个人训练时能够克服畏难情绪，克服身体的疼痛感，排除干扰，关注自身。

(4)团队训练时能够培养互相协作、互相鼓励的团队协作意识，塑造吃苦耐劳的工作品质，树立精益求精的工作态度。

2. 评价内容

评价内容见表 3-1-5。

表 3-1-5　勾绷脚训练自评/互评工单

姓名：________　　地点：________　　时间：________

训练任务	考查要点	分值	个人评分（40%）	组内评分（60%）	教师评分（40%）	最终得分
勾绷脚训练	动作完整	20				
	动作规范	30				
	节奏准确	20				
	精神面貌饱满	10				
	小组协调统一	20				
合计		100				

任务六　腿部控制训练

一、训练要领

（1）要求训练过程中腿部、脚背始终保持绷直状态，发力点放于身体核心部位，腰腹发力。

（2）要求使用正确的呼吸方法，发力时吐气。

（3）要求在规定的音乐中完成训练，注重将动作精度、音乐节奏和韵律美感融合统一。

视频　腿部控制训练

二、训练内容

（1）腿部外旋：立坐于地面，中指点地。绷脚直膝，膝盖带动腿部向外侧旋转，然后回正。一拍外旋一拍回正。动作过程中要求收腹立腰，挺胸抬头，上身保持稳定。

（2）吸腿练习：仰卧于地面，绷脚背，弯曲右膝，将脚趾贴于左小腿，双膝外旋，连续做 4 次，然后反方向练习。

（3）抬腿练习：仰卧于地面，腿部外旋，抬右腿与地面形成 45°角，向旁打开至最大限度，落下但不贴于地面，再收回原位，连续做 4 次，然后反方向练习 4 次。

（4）准备动作：仰卧于地面，两腿伸直外旋，绷住脚背，双手旁伸。

（5）动作 1：①-②右腿旁吸；③-④出前 45°；⑤-⑥右转 60°；⑦-⑧回到原位，如图 3-1-39 所示。

图 3-1-39　动作 1

（6）动作 2：①-②右腿旁吸；③-④出前 45°；⑤-⑥右转 60°；⑦-⑧回到原位。

（7）动作 3：①-②右腿旁吸；③-④出旁 45°；⑤-⑥左转至中位；⑦-⑧回到原位，如图 3-1-40 所示。

图 3-1-40　动作 3

(8)动作 4:①-②右腿旁吸;③-④出旁 45°;⑤-⑥左转至中位;⑦-⑧回到原位。

(9)动作 5:①-②保持外开,两腿抬起 45°;③-④两腿向旁打开;⑤-⑥双腿并拢;⑦-⑧回到原位,如图 3-1-41 所示。

图 3-1-41　动作 5

(10)动作 6:①-②保持外开,两腿抬起 45°;③-④两腿向旁打开;⑤-⑥双腿并拢;⑦-⑧回到原位。

(11)动作 7:①-②左腿旁吸;③-④出前腿 45°;⑤-⑥滑到旁边;⑦-⑧回原位,如图 3-1-42 所示。

图 3-1-42　动作 7

(12)动作 8:①-②左腿旁吸;③-④出前腿 45°;⑤-⑥滑到旁边;⑦-⑧回原位。

(13)动作 9:①-②左腿旁吸;③-④出旁腿 45°;⑤-⑥划到前位;⑦-⑧回原位,如图 3-1-43 所示。

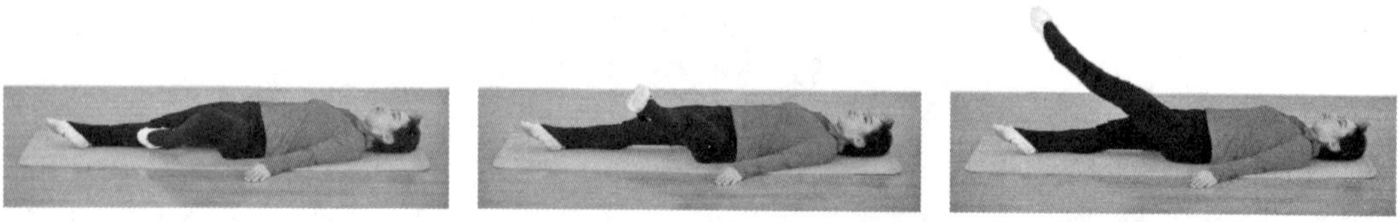

图 3-1-43　动作 9

(14)动作 10:①-②左腿旁吸;③-④出旁腿 45°;⑤-⑥划到前位;⑦-⑧回原位。

(15)动作 11:①-②保持外开,两腿抬起 45°;③-④两腿向旁打开;⑤-⑥双腿并拢;⑦-⑧回原位,如图 3-1-44 所示。

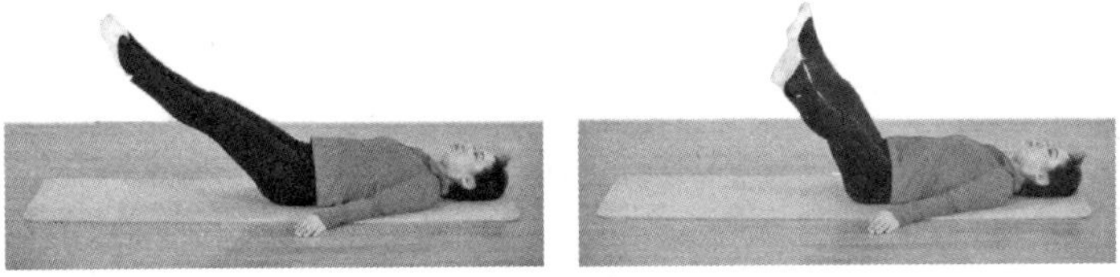

图 3-1-44　动作 11

(16)动作 12:①-②保持外开,两腿抬起 45°;③-④两腿向旁打开;⑤-⑥双腿并拢;⑦-⑧回原位。

三、训练评价

1. 评价要求

(1)能够在规定时间内完成整套训练动作。

(2)动作规范、准确、协调。

(3)个人训练时能够克服畏难情绪,克服身体的疼痛感,排除干扰,关注自身。

(4)团队训练时能够培养互相协作、互相鼓励的团队协作意识,塑造吃苦耐劳的工作品质,树立精益求精的工作态度。

2. 评价内容

评价内容见表 3-1-6。

表 3-1-6　腿部控制训练自评/互评工单

姓名:________　　地点:________　　时间:________

训练任务	考查要点	分值	个人评分(40%)	组内评分(40%)	教师评分(40%)	最终得分
腿部控制训练	动作完整	30				
	动作规范	20				
	节奏准确	20				
	精神面貌饱满	10				
	小组完成协调统一	20				
合计		100				

任务七　腿部力量训练

一、训练要领

(1)压腿训练要求始终保持挺胸收腹和腿脚绷直的状态,根据个人的柔韧程度调整下压幅度,不要一味追求下压程度而忽视姿势的正确性。

(2)踢腿训练时要求收紧核心力量,绷脚踢腿要有力度,保持腿部和身体的稳定。

(3)在规定的音乐中完成训练,注重将动作精度、音乐节奏和韵律美感融合统一。

视频

腿部力量训练

二、训练内容

(1)准备动作:双腿伸直并拢,绷脚,两手向两旁延伸,中指点地。

(2)动作 1:①-②双臂前伸,前压腿;③-④起身回正;⑤-⑥双臂前伸,前压腿;⑦-⑧起身回正,如图 3-1-45 所示。

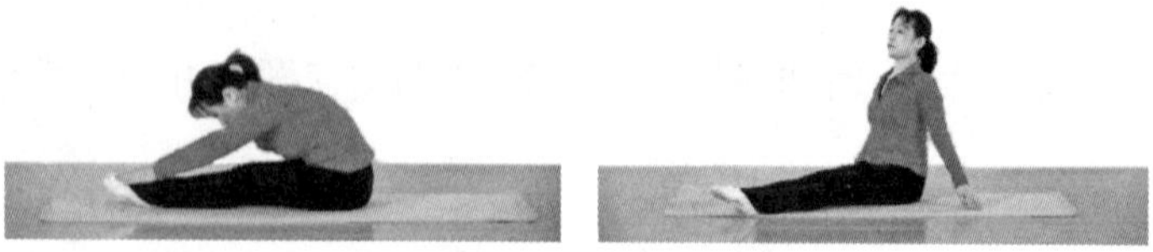

图 3-1-45　动作 1

(3)动作 2:①-②双臂前伸,前压腿;③-④起身回正;⑤-⑥双臂前伸,前压腿;⑦-⑧双腿向旁打开,七位手(手位介绍详见本模块项目二任务一,后同),如图 3-1-46 所示。

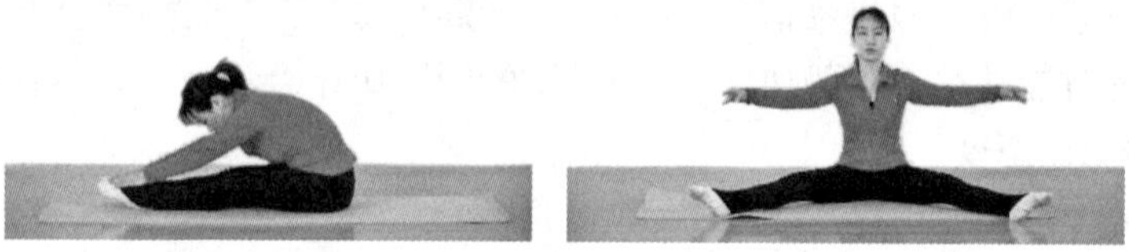

图 3-1-46　动作 2

(4)动作 3:①-②向右旁压腿,四位手(左三右二);③-④起身,七位手;⑤-⑥向左旁压腿,四位手(左二右三);⑦-⑧起身,七位手,如图 3-1-47 所示。

图 3-1-47　动作 3

(5)动作 4:①-②向右旁压腿,四位手(左三右二);③-④起身,七位手;⑤-⑥向左旁压腿,四位手(左二右三);⑦-⑧双腿并拢,绷脚,仰卧于地面,双手旁伸。

(6)动作 5:①-②右腿踢前腿;③-④下落,回原位;⑤-⑥左腿踢前腿;⑦-⑧下落,回原位,如图 3-1-48 所示。

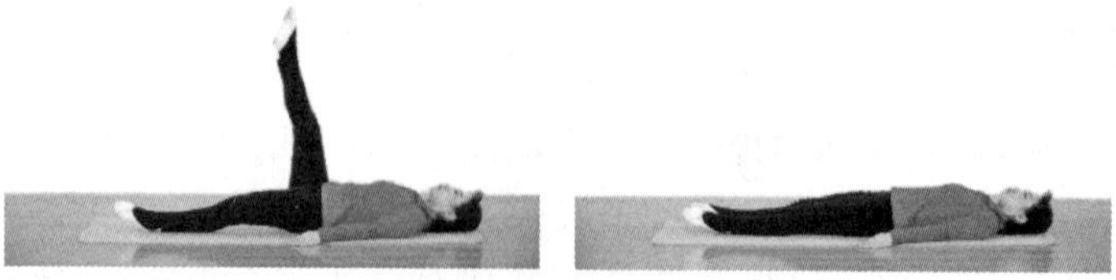

图 3-1-48　动作 5

(7)动作 6:重复动作 5①-②;③-④;⑤-⑥;⑦-⑧。

(8)动作 7：重复动作 5①-②；③-④；⑤-⑥；⑦-⑧。

(9)动作 8：①-⑧侧卧，双腿绷直，左臂伸直手背向上，右手扶地于胸前，如图 3-1-49 所示。

(10)动作 9：①-②右腿旁踢腿；③-④下落，回原位；⑤-⑥右腿旁踢腿；⑦-⑧下落回原位，如图 3-1-50 所示。

图 3-1-49　动作 8

图 3-1-50　动作 9

(11)动作 10：①-②右腿旁踢腿；③-④下落，回原位；⑤-⑥转身到另一侧；⑦-⑧保持，如图 3-1-51 所示。

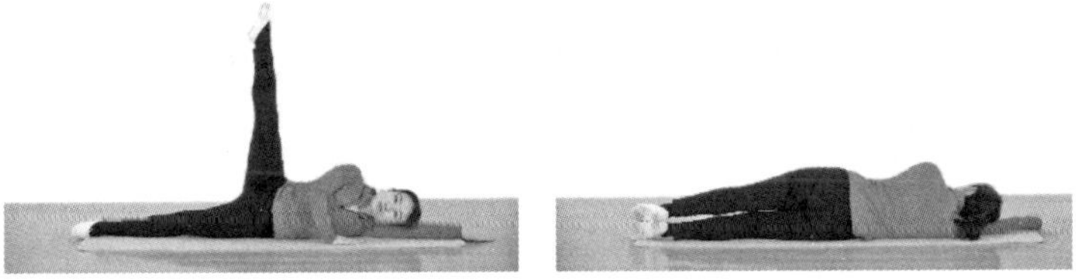

图 3-1-51　动作 10

(12)动作 11：①-②左腿旁踢腿；③-④下落，回原位；⑤-⑥左腿旁踢腿；⑦-⑧下落回原位，如图 3-1-52 所示。

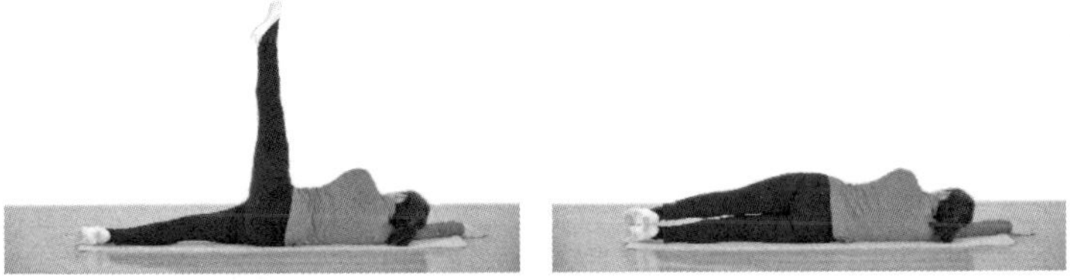

图 3-1-52　动作 11

(13)动作 12：①-②左腿旁踢腿；③-④下落，回原位；⑤-⑥俯卧，两腿绷直，屈臂扶地于胸前，挺胸抬头；⑦-⑧保持，如图 3-1-53 所示。

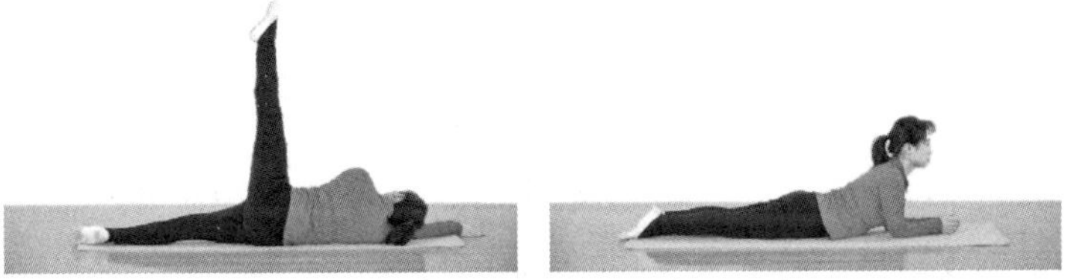

图 3-1-53　动作 12

(14)动作 13：①-②右腿后踢腿；③-④下落，回原位；⑤-⑥左腿后踢腿；⑦-⑧下落，回原位，如图 3-1-54 所示。

图 3-1-54　动作 13

(15)动作 14：①-②右腿后踢腿；③-④下落，回原位；⑤-⑥左腿后踢腿；⑦-⑧下落，回原位。

三、训练评价

1. 评价要求

(1)能够在规定时间内完成整套训练动作。

(2)动作规范、准确、协调。

(3)个人训练时能够克服畏难情绪，克服身体的疼痛感，排除干扰，关注自身。

(4)团队训练时能够培养互相协作、互相鼓励的团队协作意识，塑造吃苦耐劳的工作品质，树立精益求精的工作态度。

2. 评价内容

评价内容见表 3-1-7。

表 3-1-7　腿部力量训练自评/互评工单

姓名：________　　地点：________　　时间：________

训练任务	考查要点	分值	个人评分(40%)	组内评分(60%)	教师评分(40%)	最终得分
腿部力量训练	动作完整	20				
	动作规范	30				
	节奏准确	20				
	精神面貌饱满	10				
	小组完成协调统一	20				
合计		100				

项目二　高速铁路客运服务人员扶把形体训练

任务引入

“台上三分钟，台下十年功”是一句广为流传的谚语，是指任何成就都需要经历长时间的努力和磨砺。这句话不仅适用于艺术表演，也适用于客运服务行业。

请思考：

客运服务人员进行形体训练不仅在形象气质方面有提升，而且可以培养吃苦耐劳的工作品质，请问形体训练是如何发挥作用的？

任务一　手位、脚位训练

舞蹈的程式化语言是指那些经过长期的历史沉淀之后固定下来的舞蹈动作，这些动作因其高度的经典性被频繁使用。形体训练时通常遵循从右侧开始示范，再从左侧重复练习的规律，最后达到身体均衡发展的目标。

一、训练要领

（1）自然站立，膝盖伸直，双腿并拢，脚跟向下踩，收腹收臀，挺拔腰背，双肩向后向下压。

（2）下颌微收，脊背向上挺拔，眼睛正视前方。

二、训练内容

1. 手型训练

双手合十并拢，食指向两侧翘起，随后双手缓慢分开，将大拇指点放在中指第一个指腹处，保持两者相距 1 cm。手指保持松弛，富有空气感和轻柔感，仿佛水草在水中摇曳，又似轻纱在空中飘舞，如图 3-2-1 所示。

2. 手位训练

手的位置训练是最具表现力和表演性的训练，各种各样的舞姿都离不开手的位置，手位是形成优美体态的重要环节，形体训练中有七个常用手位。

（1）一位手：双手放于身体前，与胯根相距一拳的距离，大臂架起，避免紧贴身体两侧，肩膀放松，手指尖相对，两中指间不超过一拳的距离，双臂呈现出椭圆形，如图 3-2-2 所示。

（2）二位手：在一位手的基础上双手同时向上抬于肋骨与肚脐的正前方，大臂上提，如图 3-2-3 所示。

（3）三位手：在二位手的基础上双手继续同时向上抬起，眼睛随着手指尖慢慢升起至眼睛余光可以看得到的高度为止，肩部向下沉，肘部向两侧打开，如图 3-2-4 所示。

图 3-2-1　手型训练

图 3-2-2　一位手

图 3-2-3　二位手

图 3-2-4　三位手

（4）四位手：在三位手的基础上左臂保持不动，右臂向下落回至二位手位置，如图 3-2-5 所示。

(5)五位手:在四位手的基础上右臂打开,大臂不要超过背部,肘部保持弧形,如图 3-2-6 所示。

(6)六位手:在五位手的基础上左臂向下落至二位手的位置,如图 3-2-7 所示。

(7)七位手:在六位手的基础上打开左手臂,双臂形成对称,肘部向上提,圆弧形环抱,手心相对,如图 3-2-8 所示。

图 3-2-5　四位手

图 3-2-6　五位手

图 3-2-7　六位手

图 3-2-8　七位手

3. 脚位训练

形体训练有五个脚位,分别是一位脚、二位脚、三位脚、四位脚、五位脚。训练时,整体呈现出腿部外旋的状态。为了保持稳定性,初学者在练习时不强求双脚外旋达到 180°,只需最大限度的腿部外旋即可。脚趾不要翘起或者拱起,确保十根脚趾紧紧贴于地面。

(1)一位脚:从大腿根部开始外旋,两脚跟紧贴,脚尖向外打开至 180°,双腿靠紧,大腿内侧肌肉向外旋拧,确保脚尖与膝盖在一条直线上,身体重心均匀分布在两脚脚趾上,收腹立腰,自然挺胸,双肩下沉,目视前方,如图 3-2-9 所示。

(2)二位脚:两脚跟相距一足的距离,脚尖向外打开至 180°,如图 3-2-10 所示。

(3)三位脚:三位脚是五位脚的过渡位置,双脚紧贴、重叠,前脚脚跟外侧紧贴后脚足弓处,脚尖向外打开,如图 3-2-11 所示。

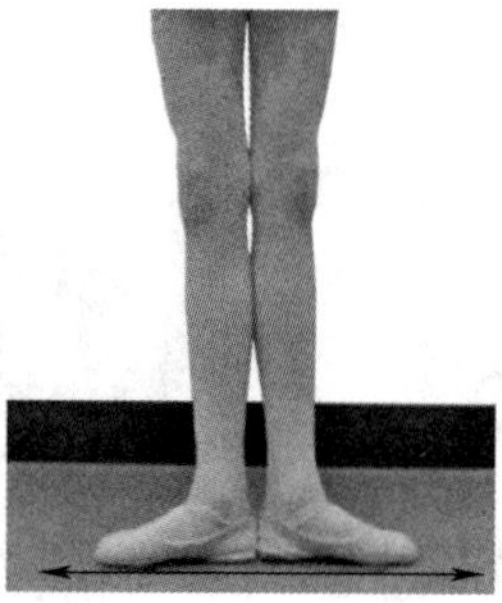
图 3-2-9　一位脚

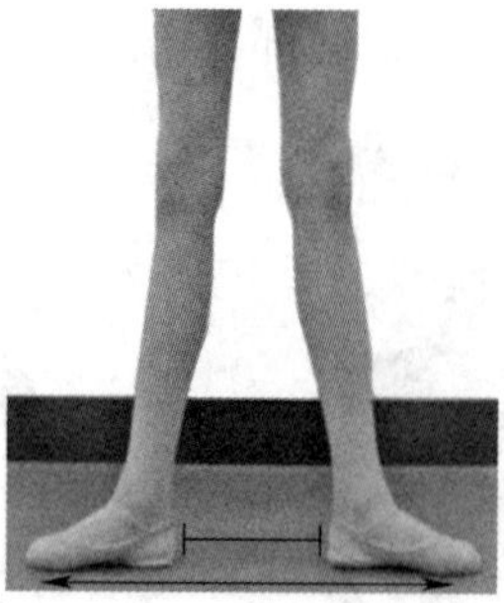
图 3-2-10　二位脚

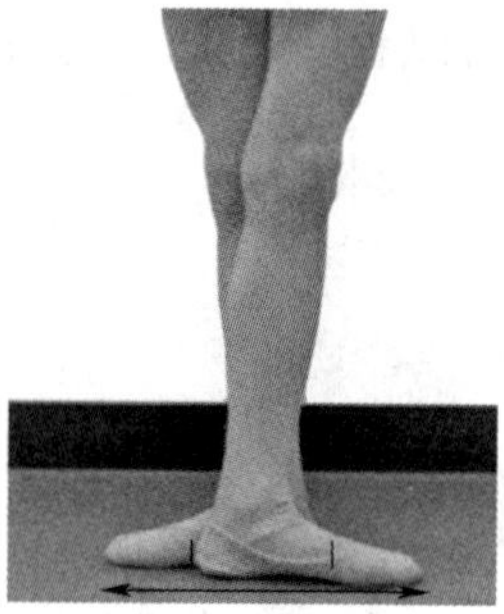
图 3-2-11　三位脚

(4)四位脚:双脚前后相距一足距离,前脚跟与后脚尖相对,腿部向外旋,两足呈平行线,重心在两脚之间,如图 3-2-12 所示。

(5)五位脚:双脚重叠、紧贴,前脚尖贴于后脚跟,双腿外旋,如图 3-2-13 所示。

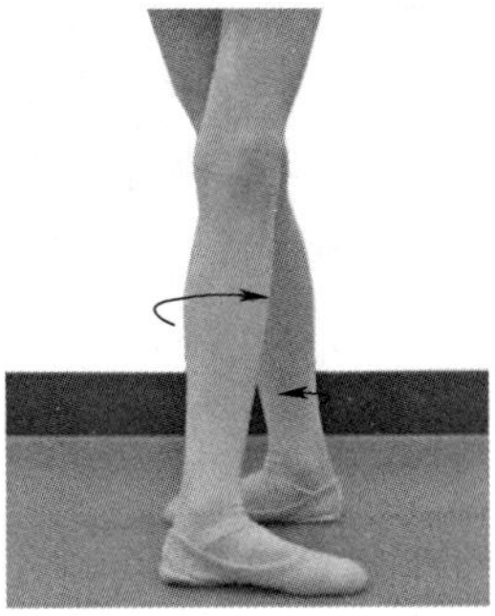

图 3-2-12　四位脚

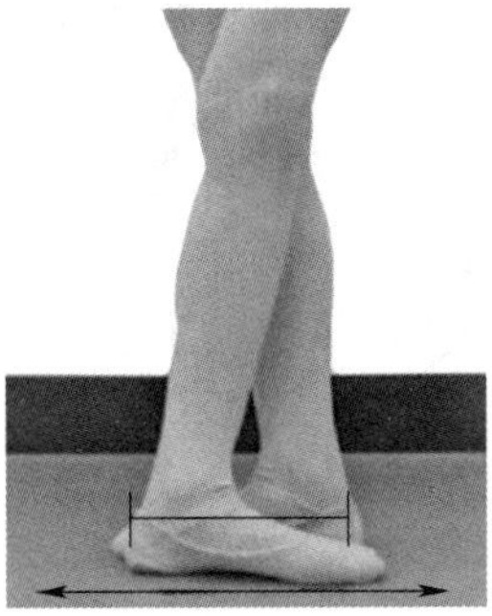

图 3-2-13　五位脚

三、训练评价

1. 评价要求

(1)能够在规定时间内完成整套训练动作。

(2)动作规范、准确、协调。

(3)个人训练时能够克服畏难情绪,克服身体的疼痛感,排除干扰,关注自身。

(4)团队训练时能够培养互相协作、互相鼓励的团队协作意识,塑造吃苦耐劳的工作品质,树立精益求精的工作态度。

2. 评价内容

评价内容见表 3-2-1。

表 3-2-1　手位、脚位训练自评/互评工单

姓名:________　地点:________　时间:________

训练任务	考查要点	分值	个人评分(30%)	组内评分(30%)	教师评分(40%)	最终得分
手位、脚位训练	动作完整	20				
	动作规范	20				
	节奏准确	20				
	精神面貌饱满	20				
	小组完成协调统一	20				
合计		100				

任务二　一位擦地训练

一、训练要领

通过训练具备较好的腿部、脚部力量,形成初步的平衡感,塑造完美的脚部和腿部线条,形成挺拔的姿态。

(1)一位擦地是以一位脚为起始姿势,通过脚掌与地面摩擦分别向前、后、旁三个方向完成擦出与擦回动作。

(2)向前擦地时,动力腿脚跟前顶出,与主力腿脚跟呈一条直线;擦回时髋关节继续保持上提状态,脚跟前顶,脚尖向外擦地收回。向旁擦地时,主力腿保持直立,动力腿向身体侧方慢慢擦出,脚跟、脚心与脚掌逐渐离地,脚尖擦至最大距离;擦回时由大腿带动,脚掌、脚心与脚跟依次落下。向后擦地时,动力腿的脚尖向后带出,并与主力腿脚跟呈一条直线;擦回时脚跟带动全脚,脚尖、脚心与脚跟依次贴于地面。

(3)在擦地过程中,重心要从双腿移至主力腿上,擦出时,不要掀髋,膝盖向外打开,腿部肌肉最大限度地外旋,双膝绷直,体会腿部的延伸感。

(4)向前擦地时,头部旋转方向与出脚方向相同,向后擦地时头部旋转方向与出脚方向相反;向旁擦地时,头部保持不动。例如,右脚向前擦地时,头部向右转 45°;右脚向后擦地时头部转向左侧 45°。

(5)擦地过程中双膝绷直,收腹夹臀,提气提髋,颈部背部挺拔。

(6)擦地过程中动作连贯,速度均匀,擦出时脚背迅速绷起。

视频

一位擦地训练

二、训练内容

(1)准备动作:双手扶把,一位站立,如图 3-2-14 所示。

(2)动作 1:①-②右脚旁擦地,如图 3-2-15 所示;③-④擦回至一位;⑤-⑥右脚旁擦地;⑦-⑧擦回至一位。

(3)动作 2:①-②右脚旁擦地;③-④移重心,二位站立,如图 3-2-16 所示;⑤-⑥移重心,左脚旁点地;⑦-⑧移重心,二位站立。

图 3-2-14 准备动作

图 3-2-15 右脚旁擦地

图 3-2-16 二位站立

(4)动作 3:①-②移重心,右脚旁点地;③-④擦回至一位;⑤-⑥半蹲,如图 3-2-17 所示;⑦-⑧一位站立。

(5)动作 4:①-②右脚前擦地,如图 3-2-18 所示;③-④擦回至一位;⑤-⑥右脚后擦地,如图 3-2-19所示;⑦-⑧擦回至一位。

(6)动作 5:①-②左脚旁擦地;③-④擦回至一位;⑤-⑥左脚旁擦地;⑦-⑧擦回至一位。

(7)动作 6:①-②左脚旁擦地;③-④移重心,二位脚;⑤-⑥移重心,右脚旁点地;⑦-⑧移重心,二位脚。

(8)动作 7:①-②移重心,左脚旁点地;③-④擦回至一位;⑤-⑥半蹲;⑦-⑧一位站立。

图 3-2-17　半蹲

图 3-2-18　右脚前擦地

图 3-2-19　右脚后擦地

(9)动作 8:①-②左脚前擦地;③-④擦回至一位;⑤-⑥左脚后擦地;⑦-⑧擦回至一位。

三、训练评价

1. 评价要求

(1)动作完成要求规范、准确,动作与音乐律动要求协调一致。

(2)提高形体控制能力和稳定状态,感受形体之美、气韵之美,在内情外化的过程中实现身心合一。

(3)调整不良的形体状态,保持形体的挺拔、直立、舒展状态,提高整体视觉美感。

(4)克服畏难情绪、关注自身状态,培养健康、热情、自律的精神面貌,培养精益求精的工作作风。

2. 评价内容

评价内容见表 3-2-2。

表 3-2-2　一位擦地训练自评/互评工单

姓名:______________　　地点:______________　　时间:______________

训练任务	考查要点	分值	个人评分(30%)	组内评分(30%)	教师评分(40%)	最终得分
一位擦地训练	动作完整	20				
	动作规范	20				
	节奏准确	20				
	精神面貌饱满	20				
	小组完成协调统一	20				
合计		100				

任务三　五位擦地训练

一、训练要领

五位擦地是检验舞者是否能在每一个细节上展现精致表现力的重要方式。它主要通过训练腿部的拉伸与延展，从而具备较好的腿部、脚部力量，形成初步的平衡感，塑造完美的脚部和腿部线条，形成挺拔的姿态。

(1)五位擦地是以五位脚为起始姿势，通过脚掌与地面摩擦分别向前、后、旁三个方向完成擦出与擦回动作。

(2)向前擦地时动力腿脚跟前向顶出，与主力腿脚跟呈一条直线；擦回时，臀部避免向后翘起，最大限度地外旋动力腿胯根，使其恢复成五位脚状态。向旁擦地时，主力腿保持直立，动力腿向身体侧方慢慢擦出，脚跟、脚心与脚掌逐渐离地，脚尖擦至最大距离。擦回时由大腿带动，脚掌、脚心与脚跟依次落下。向后擦地时，动力腿的脚尖向后带出，与主力腿脚跟呈一条直线；擦回时脚跟带动全脚，脚尖、脚心与脚跟依次贴于地面。

(3)擦地过程中臀部保持中立，颈部背部保持挺拔，擦出时避免送髋，擦回时避免弯曲膝盖。

(4)擦地过程中动作连贯，速度均匀，擦出时脚背迅速绷起。

(5)初学者也可用三位脚代替五位脚站立。

视 频

五位擦地训练

二、训练内容

(1)准备动作：单手扶把，侧向把杆站立，右脚前五位。准备拍时右手从一位经二位至七位手，如图 3-2-20 所示。

(2)动作 1：①右脚前擦地，如图 3-2-21 所示；②擦回至五位；③右脚前擦地；④擦回至五位；⑤右脚前擦地；⑥移重心，四位半蹲，如图 3-2-22 所示；⑦移重心，左脚后点地，如图 3-2-23 所示；⑧左脚擦回至五位。

图 3-2-20　准备动作

图 3-2-21　右脚前擦地

图 3-2-22　四位半蹲

(3)动作 2：①左脚后擦地；②擦回至五位；③左脚后擦地；④擦回至五位；⑤左脚后擦地；⑥移重心，四位半蹲；⑦移重心，右脚前点地；⑧右脚擦回至五位。

(4)动作3:①右脚旁擦地,如图3-2-24所示;②擦回至五位,收后,如图3-2-25所示;③右脚旁擦地;④擦回至五位,收前;⑤右脚旁擦地;⑥擦回至五位,收后;⑦-⑧半蹲。

(5)动作4:①右脚旁擦地;②擦回至五位,收前;③右脚旁擦地;④擦回至五位,收后;⑤右脚旁擦地;⑥擦回至五位,收前;⑦-⑧半蹲,手位收回。

图3-2-23　左脚后点地

图3-2-24　右脚旁擦地

图3-2-25　五位站立

三、训练评价

1. 评价要求

(1)动作完成要求规范、准确,动作与音乐律动要求协调一致。

(2)提高形体控制能力和稳定状态,感受形体之美、气韵之美,在内情外化的过程中实现身心合一。

(3)调整不良的形体状态,保持形体的挺拔、直立、舒展状态,提高整体视觉美感。

(4)克服畏难情绪、关注自身状态,培养健康、热情、自律的精神面貌,培养精益求精的工作作风。

2. 评价内容

评价内容见表3-2-3。

表3-2-3　五位擦地训练自评/互评工单

姓名:________　　地点:________　　时间:________

训练任务	考查要点	分值	个人评分(30%)	组内评分(30%)	教师评分(40%)	最终得分
五位擦地训练	动作完整	20				
	动作规范	20				
	节奏准确	20				
	精神面貌饱满	20				
	小组完成协调统一	20				
合计		100				

任务四　蹲训练

一、训练要领

蹲分为半蹲与全蹲两种，通过这个训练能够使跟腱、踝关节、脚腕的韧带得到最大限度拉伸，锻炼脚部柔韧性与腿部支撑力量，有助于塑造优美线条，培养挺拔身姿。

(1)在蹲下时，膝盖要始终指向第二、第三脚趾方向，这是保持动作转开的基本要求，可以有效避免出现道脚部或臀部翘起等问题。

(2)后背立直。背部不要出现大幅度摆动，背部的直立为后续的跳和转打好基础。

(3)半蹲时脚跟紧贴地面，脚背必须垂直向上，不可前倾或后倒。全蹲时膝盖折叠，下蹲到最低。脚跟因下蹲时跟腱的拉伸被动抬起。但二位全蹲时下蹲到坐骨在膝盖上方位置即可，注意不可抬起脚跟。

(4)膝关节力量与弹性相结合。下蹲与起身都存在内在的持续性对抗力量。脚掌向下踩，膝部做有弹性的下蹲与立起动作，节奏均匀。

(5)训练时要控制动作协调性，下蹲、立起的节奏与弹性要均匀，不要出现忽快忽慢，下蹲动作主要作用于拉伸小腿的腓肠肌。

视频

蹲训练

二、训练内容

(1)准备动作：单手扶把，侧向把杆站立，一位脚站立。准备拍时右手从一位、二位打开至七位手。

(2)动作 1：①-②一位半蹲，如图 3-2-26 所示；③-④蹲起；⑤-⑥一位全蹲，如图 3-2-27 所示；⑦-⑧蹲起。

(3)动作 2：①-④一位半脚尖，一位手，如图 3-2-28 所示；⑤-⑥落脚跟，一位站立；⑦-⑧右脚一位旁擦地至二位站立，七位手。

(4)动作 3：①-②二位半蹲，如图 3-2-29 所示；③-④蹲起；⑤-⑥二位全蹲，如图 3-2-30 所示；⑦-⑧蹲起。

图 3-2-26　一位半蹲

图 3-2-27　一位全蹲

图 3-2-28　一位半脚尖

图 3-2-29　二位半蹲

(5)动作 4：①-④二位半脚尖，三位手，如图 3-2-31 所示；⑤-⑥落脚跟，二位站立；⑦-⑧右脚二位擦至四位站立，七位手。

(6)动作 5:①-②四位半蹲,如图 3-2-32 所示;③-④蹲起;⑤-⑥四位全蹲,如图 3-2-33 所示;⑦-⑧蹲起。

图 3-2-30　二位全蹲

图 3-2-31　二位半脚尖

图 3-2-32　四位半蹲

图 3-2-33　四位全蹲

(7)动作 6:①-④四位半脚尖,二位手延伸,如图 3-2-34 所示;⑤-⑥落脚跟,四位站立;⑦-⑧右脚四位擦至五位站立,七位手。

(8)动作 7:①-②五位半蹲,如图 3-2-35 所示;③-④蹲起;⑤-⑥五位全蹲,如图 3-2-36 所示;⑦-⑧蹲起。

(9)动作 8:①-④五位半脚尖,二位手,如图 3-2-37 所示;⑤-⑥落脚跟,五位站立;⑦-⑧右脚五位擦至一位站立,一位手。

图 3-2-34　四位半脚尖

图 3-2-35　五位半蹲

图 3-2-36　五位全蹲

图 3-2-37　五位半脚尖

三、训练评价

1. 评价要求

(1)动作完成要求规范、准确,动作与音乐律动要求协调一致。

(2)通过蹲训练提高形体控制能力和稳定状态,感受形体之美、气韵之美,在内情外化的过程中实现身心合一。

(3)在训练中克服畏难情绪、关注自身状态,培养健康、热情、自律的精神面貌和精益求精的工作态度。

2. 评价内容

评价内容见表 3-2-4。

表 3-2-4　蹲训练自评/互评工单

姓名：＿＿＿＿＿＿＿＿　　地点：＿＿＿＿＿＿＿＿　　时间：＿＿＿＿＿＿＿＿

训练任务	考查要点	分值	个人评分（30%）	组内评分（30%）	教师评分（40%）	最终得分
蹲训练	动作完整	20				
	动作规范	20				
	节奏准确	20				
	精神面貌饱满	20				
	小组完成协调统一	20				
合计		100				

任务五　小踢腿训练

一、训练要领

小踢腿是扶把训练中第一个快节奏、第一个脚尖离开地面且具有力量性的组合。小踢腿训练主要目的是训练脚部通过擦地快速踢起的力量。因此，擦地训练是打好小踢腿动作的基础，其节奏和脚趾抓地的力量是动作训练的核心。

（1）小踢腿可以向前、旁、后三个方向做练习。出腿与收腿的动作与之前学习的擦地动作有相似之处，不同的是擦地动作是在地面上完成，小踢腿动作是经过擦地延伸后，将小腿迅速踢出并做短暂停留。

（2）在擦地延伸至最远处后，快速向上踢起，脚趾向远处有力度地抓地推出。

（3）动作要求快速有力、干净利落。动力腿脚趾抓地的力度使腿部快速踢起至 20°～30°。腿部在空中停顿的位置要准确且稳定。

（4）踢腿时，腿部及身体不能晃动，保持住大腿根部的控制和髋部的稳定。身体保持挺拔直立，动作过程依次经过擦地—点地—抓地踢起—控制停留—落回点地位—擦地收回。

（5）动作富有节奏感，脚背向上绷起，快速点地富有弹性。

二、训练内容

（1）准备动作：单手扶把，以右侧为例。右脚前五位脚站立，从一位经二位打开至七位手。

（2）动作 1：①右脚小踢腿向前踢起，如图 3-2-38 所示；②落下，收回至五位；③右脚小踢腿向前踢起；④落下收回至五位；⑤五位半蹲；⑥主力腿蹲起同时右腿小踢腿向前踢起；⑦右脚尖快速点地一次；⑧落下，收回至五位。

（3）动作 2：①右脚小踢腿向旁踢起，如图 3-2-39 所示；②落下，收回至后五位；③右脚小踢腿向旁踢起；④落下，收回至前五位；⑤五位半蹲；⑥主力腿蹲起同时小踢腿向旁踢起；⑦右脚尖快速点地一次；⑧落下，收回至后五位。

（4）动作 3：①右脚小踢腿向旁踢起；②落下，收回至前五位；③右脚小踢腿向旁踢起；④落下，收回至后五位；⑤右脚小踢腿向旁踢起；⑥落下，收回至前五位；⑦右脚小踢腿向旁踢起；⑧落下，收回至后五位。

(5)动作4：①右脚小踢腿向后踢起，如图3-2-40所示；②落下，收回至后五位；③右脚小踢腿向后踢起；④落下，收回至后五位；⑤五位半蹲；⑥主力腿蹲起同时小踢腿向后踢起；⑦右脚尖快速点地一次；⑧落下，收回至后五位。

图3-2-38　小踢腿前踢

图3-2-39　小踢腿旁踢

图3-2-40　小踢腿后踢

(6)动作5：①右脚小踢腿向后踢起；②落下，收回至后五位；③右脚小踢腿向后踢起；④落下，收回至后五位；⑤五位半蹲；⑥主力腿蹲起同时小踢腿向后踢起；⑦右脚尖快速点地一次；⑧落下，收回至后五位。

(7)动作6：①右脚小踢腿向旁踢起；②落下，收回至后五位；③右脚小踢腿向旁踢起；④落下，收回至前五位；⑤五位半蹲；⑥主力腿蹲起同时小踢腿向旁踢起；⑦右脚尖快速点地一次；⑧落下，收回至后五位。

(8)动作7：①右脚小踢腿向旁踢起；②落下，收回至后五位；③右脚小踢腿向旁踢起；④落下，收回至前五位；⑤右脚小踢腿向旁踢起；⑥落下，收回至后五位；⑦右脚小踢腿向旁踢起；⑧落下，收回至前五位。

(9)动作8：①右脚小踢腿向前踢起；②落下，收回至五位；③右脚小踢腿向前踢起；④落下，收回至五位；⑤五位半蹲；⑥主力腿蹲起同时右腿小踢腿向前踢起；⑦右脚尖快速点地一次；⑧落下，七位手、五位脚同时收回。

三、训练评价

1. 评价要求

(1)动作完成要求规范、准确，动作与音乐律动要求协调一致。

(2)通过小踢腿训练提高形体控制能力和稳定状态，感受形体之美、气韵之美，在内情外化的过程中实现身心合一。

(3)在训练中克服畏难情绪、关注自身状态，培养健康、热情、自律的精神面貌和精益求精的工作态度。

2. 评价内容

评价内容见表3-2-5。

表 3-2-5 小踢腿训练自评/互评工单

姓名：________ 地点：________ 时间：________

训练任务	考查要点	分值	个人评分（30%）	组内评分（30%）	教师评分（40%）	最终得分
小踢腿训练	动作完整	20				
	动作规范	20				
	节奏准确	20				
	精神面貌饱满	20				
	小组完成协调统一	20				
合计		100				

任务六　大踢腿训练

一、训练要领

大踢腿不仅可以提升腿部柔韧性，还能增强肌肉爆发力和肢体控制力。在大踢腿训练中，不仅会复习到擦地的内容，而且也为后续的大跳做好了准备。

（1）大踢腿时，先经过擦地，再用脚尖带动整条腿向上踢，在到达最高点的过程中腿部要收紧并保持伸直。初学者不必踢得过高，要学会迅速地踢上去，并有控制地落下。

（2）大踢腿分为前踢、旁踢和后踢三个方向。踢腿时，腿部保持外旋，脚背绷紧，脊背与髋部始终保持稳定，避免出现弯腰、掀髋等错误动作。

二、训练内容

（1）准备动作：单手扶把，以右侧为例。右脚前五位脚站立，从一位经二位打开至七位手。

（2）动作 1：①右腿大踢腿向前踢起，如图 3-2-41 所示；②落下，收回至五位；③右腿大踢腿向前踢起；④落下，收回至五位；⑤右腿大踢腿向前踢起；⑥落下，收回至五位；⑦-⑧五位站立。

（3）动作 2：①右腿大踢腿向旁踢起，如图 3-2-42 所示；②落下，收回至后五位；③右腿大踢腿向旁踢起；④落下，收回至前五位；⑤右腿大踢腿向旁踢起；⑥落下，收回至后五位；⑦-⑧五位站立。

图 3-2-41　大踢腿前踢

图 3-2-42　大踢腿旁踢

(4)动作 3:①右腿大踢腿向后踢起,如图 3-2-43 所示;②落下,收回至五位;③右腿大踢腿向后踢起;④落下,收回至五位;⑤右腿大踢腿向后踢起;⑥落下,收回至后五位;⑦-⑧五位站立。

(5)动作 4:①-②五位半脚尖,同时一位手;③-④五位半脚尖变为二位半脚尖至二位半蹲,同时手位从一位经二位收至七位手;⑤左腿主力腿吸腿(右脚尖贴在左膝处),如图 3-2-44 所示;⑥五位半脚尖;⑦五位半蹲;⑧蹲起五位站立,收回至一位手。

图 3-2-43　大踢腿后踢

图 3-2-44　吸腿

三、训练评价

1. 评价要求

(1)动作完成要求规范、准确,动作与音乐律动要求协调一致。

(2)通过大踢腿训练提高形体控制能力和稳定状态,感受形体之美、气韵之美,在内情外化的过程中实现身心合一。

(3)在训练中克服畏难情绪、关注自身状态,培养健康、热情、自律的精神面貌和精益求精的工作态度。

2. 评价内容

评价内容见表 3-2-6。

表 3-2-6　大踢腿训练自评/互评工单

姓名:________　地点:________　时间:________

训练任务	考查要点	分值	个人评分(30%)	组内评分(30%)	教师评分(40%)	最终得分
大踢腿训练	动作完整	20				
	动作规范	20				
	节奏准确	20				
	精神面貌饱满	20				
	小组完成协调统一	20				
合计		100				

任务七　半脚尖训练

一、训练要领

视频

半脚尖训练

半脚尖是通过脚腕的力量使整个身体完成上升与下落的动作。脚腕的力量对“跳”和“立”等动作的作用十分重要，能够帮助舞者更好地完成动作。脚腕力量的训练对提升身体重心的控制力也是十分重要的。

(1)五根脚趾都要着地，但大部分的重心应放在拇趾、第二趾和第三趾上。

(2)动作过程中用脚掌推地，脚腕绷紧，膝盖伸直，双腿外旋站立，臀部保持中立。

(3)动作时脚跟向前顶出，避免向后倒。

(4)落下时，应有力地下踩脚跟，脊背夹紧，提气提胯站立。

(5)在半脚尖的训练中，身体重心会随着动作的变化而移动，因此找到平衡稳定的支点是一个难点，同时在训练中脊背要始终保持挺拔、开阔的状态。

二、训练内容

(1)准备动作：单手扶把，一位脚站立，手臂经二位到七位手。

(2)动作 1：①-②一位半脚尖，如图 3-2-45 所示；③-④落回一位脚；⑤-⑥一位半脚尖；⑦-⑧落回一位脚。

(3)动作 2：①一位半蹲；②一位半脚尖；③一位半蹲；④一位半脚尖；⑤-⑥落回一位脚；⑦-⑧右脚向旁擦地，落于二位脚。

(4)动作 3：①-②二位半脚尖，如图 3-2-46 所示；③-④落回二位脚；⑤-⑥二位半脚尖；⑦-⑧落回二位脚。

(5)动作 4：①二位半蹲；②二位半脚尖；③二位半蹲；④二位半脚尖；⑤-⑥落回二位脚；⑦-⑧右脚旁点地，五位脚站立。

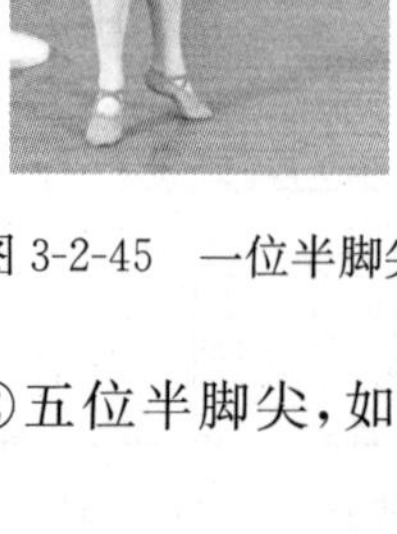

图 3-2-45　一位半脚尖

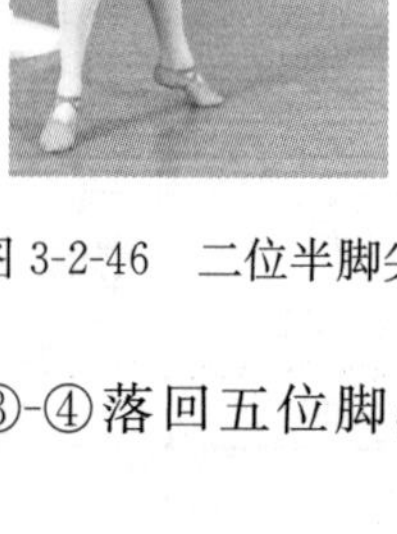

图 3-2-46　二位半脚尖

(6)动作 5：①-②五位半脚尖，如图 3-2-47 所示；③-④落回五位脚；⑤-⑥五位半脚尖；⑦-⑧落回五位脚。

(7)动作 6：①五位半蹲；②五位半脚尖；③五位半蹲；④五位半脚尖；⑤-⑥落回五位脚；

⑦-⑧右脚前擦地，四位脚站立。

(8)动作7：①-②四位半脚尖，如图3-2-48所示；③-④落回四位脚；⑤-⑥四位半脚尖；⑦-⑧落回四位脚。

(9)动作8：①四位半蹲；②四位半脚尖；③四位半蹲；④四位半脚尖；⑤-⑥落回四位脚；⑦-⑧右脚前点地，擦回至一位脚站立。

图3-2-47　五位半脚尖

图3-2-48　四位半脚尖

三、训练评价

1. 评价要求

(1)动作完成要求规范、准确，动作与音乐律动要求协调一致。

(2)通过半脚尖训练提高形体控制能力和稳定状态，感受形体之美、气韵之美，在内情外化的过程中实现身心合一。

(3)在训练中克服畏难情绪、关注自身状态，培养健康、热情、自律的精神面貌和精益求精的工作态度。

2. 评价内容

评价内容见表3-2-7。

表3-2-7　半脚尖训练自评/互评工单

姓名：＿＿＿＿＿＿　　地点：＿＿＿＿＿＿　　时间：＿＿＿＿＿＿

训练任务	考查要点	分值	个人评分(30%)	组内评分(30%)	教师评分(40%)	最终得分
半脚尖训练	动作完整	20				
	动作规范	20				
	节奏准确	20				
	精神饱满	20				
	小组协调统一	20				
合计		100				

任务八　平衡控制训练

一、训练要领

平衡控制训练是通过在组合中缓慢抬起动力腿，用慢动作来训练身体的控制、平衡和稳定能力。这组训练内容可以有效锻炼骨骼与肌肉的外开性、控制力和身体在运动中的稳定性。通过平衡控制训练能够有效增强腿部肌肉力量，还能在练习腿部向前、旁、后抬起的过程中保持身体的挺拔直立，同时腰腹部、背部、臀部要持续收紧以稳定身体重心，从而对这些部位的肌肉起到显著的锻炼作用。

(1)动力腿抬起时应最大限度外旋，膝盖伸直，绷紧脚背，用脚尖带动动力腿向上。

(2)动作过程中避免掀胯，身体始终保持挺拔，垂直于地面。

(3)后腿控制时，上身不能向前趴，膝关节向外侧打开。

(4)应重视身体姿态的直立与挺拔，不一味追求腿部高度。

二、训练内容

(1)准备动作：单手扶把，右脚在前五位脚站立。准备拍手臂经过二位至七位。

(2)动作1：①-②右腿向前伸展45°控制，如图3-2-49所示；③-④落下前点地，收回五位脚；⑤-⑥右腿向旁伸展45°控制，如图3-2-50所示；⑦-⑧落下旁点地，收回后五位脚。

(3)动作2：①-②右腿向后伸展45°控制，如图3-2-51所示；③-④落下后点地，收回五位脚；⑤-⑥半脚尖立起，同时手位从一位、二位至三位；⑦-⑧五位半蹲，蹲起，同时手位从三位至七位。

(4)动作3：①-②右腿弯曲，脚尖贴于膝盖；③-④向后伸展45°，落下后点地，收回后五位脚；⑤-⑥右腿弯曲，脚尖贴于膝盖；⑦-⑧向旁伸展45°，落下旁点地，收回前五位脚。

(5)动作4：①-②右腿弯曲，脚尖贴于膝盖；③-④向前伸展45°，落下前点地，收回前五位脚；⑤-⑥半脚尖立起，同时手位从一位、二位至三位；⑦-⑧五位半蹲，蹲起，同时手位从三位、七位至一位。

图3-2-49　前伸展45°

图3-2-50　旁伸展45°

图3-2-51　后伸展45°

三、训练评价

1. 评价要求

(1)能够在规定时间内完成整套训练动作。

(2)动作规范、准确、协调。

(3)个人训练时能够克服畏难情绪,克服身体的疼痛感,排除干扰,关注自身。

(4)团队训练时能够培养互相协作、互相鼓励的团队协作意识,塑造吃苦耐劳的工作品质,树立精益求精的工作态度。

2. 评价内容

评价内容见表 3-2-8。

表 3-2-8　平衡控制训练自评/互评工单

姓名:__________　　地点:__________　　时间:__________

训练任务	考查要点	分值	个人评分(30%)	组内评分(30%)	教师评分(40%)	最终得分
平衡控制训练	动作完整	20				
	动作规范	20				
	节奏准确	20				
	精神面貌饱满	20				
	小组完成协调统一	20				
合计		100				

任务九　手臂训练

一、训练要领

手臂在舞蹈表演中是主要表现部位,其功能和艺术表现力是其他身体部位无法替代的,手臂训练可以使手臂动作更舒展。

(1)双臂应呈圆弧状,而非直线。保持双臂向远的延伸感。

(2)双臂线条流畅,仿佛一滴水珠从头顶顺着脸颊、肩膀、大臂、手肘、小臂、手腕最终从指尖滑落。

(3)避免因手臂动作出现耸肩、手腕僵硬等问题。

(4)当大臂架起时,腋窝要抬起,背肌向下、向后发力。

(5)在动作过程中,脊背要保持挺拔直立,动作要求流畅、连贯、平稳。

二、训练内容

视频

手臂训练

(1)准备动作:面向∠8 方向,一位脚站立,一位手。

(2)动作 1:①-②一位至二位手;③-④打开至七位手;⑤-⑥七位手保持稳定;⑦-⑧收回至一位手。

(3)动作 2:①-②一位至二位手;③-④二位至三位手;⑤-⑥三位打开至七位手;⑦-⑧收回至一位手。

(4)动作 3:①-②一位至二位手;③-④二位打开至五位手;⑤-⑥反五位手;⑦-⑧收回至二位手。

(5)动作 4:①-②二位至五位手;③-④反五位手;⑤-⑥反五位收回至二位手;⑦-⑧二位打开至七位手。

(6)动作 5:①-②向前下腰,七位至二位手;③-④身体直起,二位至三位手;⑤-⑥胸腰向后,保持三位手;⑦-⑧直立,三位手。

(7)动作 6:①-②三位至七位手;③-④七位至一位手;⑤-⑥右脚向前擦地,前点地,五位手;⑦-⑧收回至五位脚站立,七位收回至一位手。

三、训练评价

1. 评价要求

(1)能够在规定时间内完成整套训练动作。

(2)动作规范、准确、协调。

(3)个人训练时能够克服畏难情绪,克服身体的疼痛感,排除干扰,关注自身。

(4)团队训练时能够培养互相协作、互相鼓励的团队协作意识,塑造吃苦耐劳的工作品质,树立精益求精的工作态度。

2. 评价内容

评价内容见表 3-2-9。

表 3-2-9　手臂训练自评/互评工单

姓名:________________　　地点:________________　　时间:________________

训练任务	考查要点	分值	个人评分(30%)	组内评分(30%)	教师评分(40%)	最终得分
手臂训练	动作完整	20				
	动作规范	20				
	节奏准确	20				
	精神面貌饱满	20				
	小组完成协调统一	20				
合计		100				

学习小结

形体训练是一套科学、完备、系统的训练方法。它不仅符合艺术美的审美要求,更是训练形体和仪态的最佳途径。通过这些训练内容,从事高速铁路客运服务工作的从业人员能够快速、有效地塑造形体,提升个人气质,为后续的职业仪态训练打下良好的形体基础。

知识拓展

客运服务岗位规范——动车组列车商务座列车员作业流程

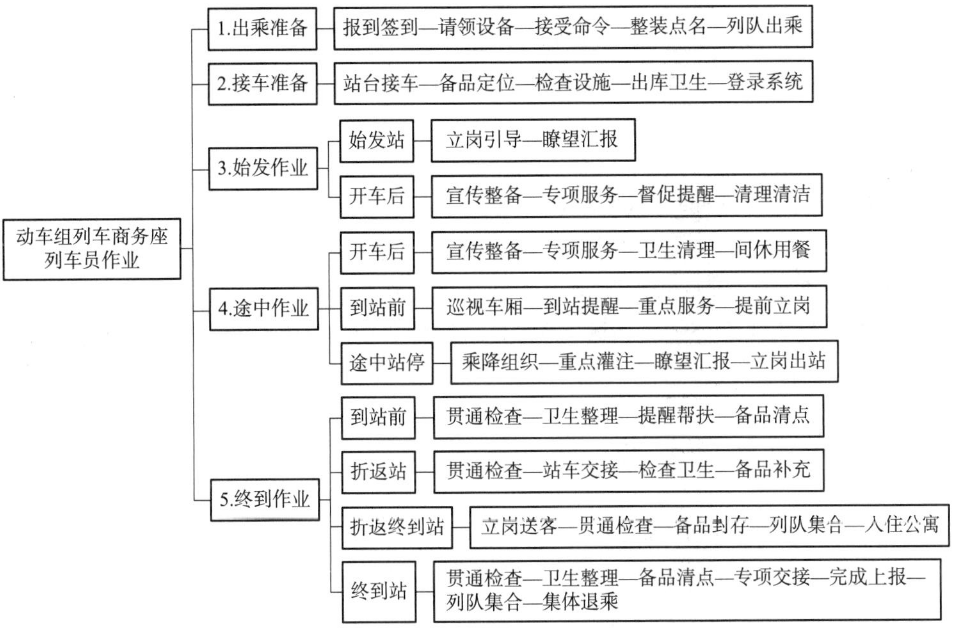

铁路客运服务先锋

“最美铁路人”米尔班·艾依提

她被人们誉为开放在“民族团结一家亲号”列车上的最美石榴花；她在列车上传播党的声音，宣传民族团结；她在列车上“带货”“结亲”，把爱撒向各族旅客……她就是乌鲁木齐局集团公司库尔勒客运段和田一队和特1组党支部书记、列车长米尔班·艾依提。

2017年3月，为了满足当地群众外出就业、返乡探亲的需要，乌鲁木齐至和田的“民族团结一家亲号”列车开行。这趟列车穿越天山南北，环绕半个塔克拉玛干沙漠，途经吐鲁番、巴州、喀什、和田等7个地州，串起了沿途15个主要县市，全程运行近2 000 km。

米尔班·艾依提作为“民族团结一家亲号”列车首趟开行值乘的列车长，伴随“民族团结一家亲号”列车品牌创建而成长，立足岗位，勇担责任，积极提炼总结了“五心”服务法，推出“母爱一平方”私密空间、流动充电站等服务项目，受到各族旅客赞誉。在“民族团结一家亲号”列车上主动宣传党的民族团结政策，邀请结亲和驻村干部开展宣讲，在列车广播开设“民族团结5分钟”专题广播节目，营造了共促民族团结的浓厚氛围。在列车上举办“流动的巴扎”，开设了销售需求公开栏，积极助力乡村振兴，主动帮助村民在列车上销售农副产品，累计销售干果2万多公斤、馕饼1万余个。

写着各种需求信息的便利贴纸，很快引来有兴趣的旅客驻足、联系，发挥了信息交流的重要作用。在米尔班·艾依提的精心维护下，如今，信息公开栏发布的信息内容覆盖面越来越广，包括教育需求、农业技术需求、爱心捐赠等方面。这趟列车也成为各族旅客互动交流的纽带。

米尔班·艾依提时刻不忘自己的党员身份和责任，不管是列车上的旅客还是同事，她都把他们当作家人对待。身为党支部书记，她就是班组这个大家庭的家长，遇到困难总是冲到最前面。她将列车打造成一个流动课堂，组织开展“学党报、话团结、跟党走”主题活动，为结亲干部和旅客送党报，邀请结亲和驻村干部开展“民族团结一家亲”主题宣讲。从班组抽出党员和优秀青年，组成志愿服务队，多次到新疆铁路驻村点开展“民族团结一家亲，和谐共建志愿行”主题公益活动。

为农民的产品找销路、为困难旅客提供帮助，米尔班·艾依提用真心、细心、耐心做好一件件小事，让飞驰在千里铁道线上的“民族团结一家亲号”列车散发出了“石榴花”的芬芳。米尔班·艾依提和各族旅客们一起，共同感受着中华民族大家庭的温暖。

米尔班·艾依提的实际行动，赢得了同事和广大旅客的好评。米尔班·艾依提获得“全国优秀党务工作者”、新疆维吾尔自治区“优秀共产党员”、新疆维吾尔自治区第七届道德模范、全国总工会“工人先锋号”、2023年“最美铁路人”等荣誉称号。

同步思考与技能训练

1. 请根据音乐完成肩颈拉伸训练内容，要求动作完整、准确。
2. 请根据音乐完成开肩美背训练内容，要求动作完整、准确。
3. 请根据音乐完成腿部力量训练内容，要求动作完整、准确。
4. 请根据音乐完成一位擦地训练内容，要求动作完整、准确。
5. 请根据音乐完成蹲训练内容，要求动作完整、准确。
6. 请根据音乐完成小踢腿训练内容，要求动作完整、准确。
7. 请根据音乐完成半脚尖训练内容，要求动作完整、准确。
8. 请根据音乐完手臂训练内容，要求动作完整、准确。

模块四　高速铁路客运服务人员气质提升训练

知识导图

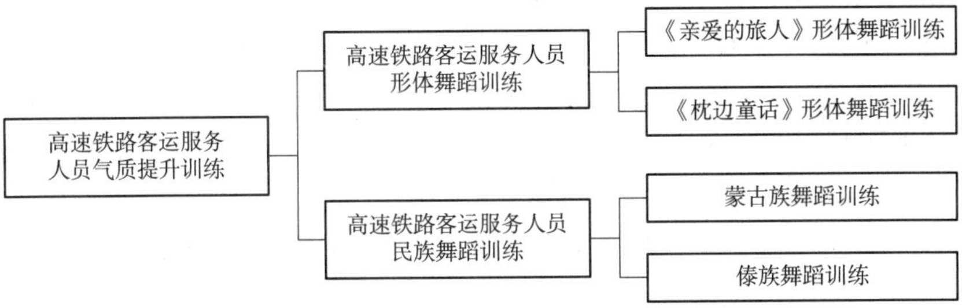

模块概述

本模块主要介绍高速铁路客运服务人员气质提升的相关技能训练，包含 2 个项目、4 个任务，每项任务可通过训练评价进行自评与互评总结。气质提升训练是形体训练的重要内容之一，也是塑造高速铁路客运服务人员职业气质的必要环节。通过这项训练，可以提升客运服务人员职业素养和服务水平。同时，借助舞蹈训练陶冶情操、修身养性、提升气质，从而全面提高客运服务人员的服务质量。

学习目标

1. 素养目标

(1)增强对民族艺术文化的热爱，树立本民族舞蹈文化自信，建立科学的审美观念，提升审美素养。

(2)培养服务旅客的意识和习惯，彰显高速铁路客运服务人员应具备的礼仪素养和职业素质，用良好的礼仪形象提升职业内涵，培养热情自信、严谨细致的工作态度。

2. 知识目标

(1)了解形体舞蹈和民族舞蹈训练的意义和注意事项，民族舞蹈的手形与手位的动作标准和训练方法。

(2)明确各个民族的特性与舞蹈特征的关系，充分认识客运服务人员良好的气质与服务工作质量的必要性与重要性。

3. 能力目标

(1)能够完成形体舞蹈与民族舞蹈相应的训练内容与要求，知晓身体韵律对节奏节拍训练的准确掌握是训练的重点与难点问题。

(2)能够主动运用多种学习模式进行训练,调整良好的训练状态,提升训练效果,实现锻炼良好身体素质的训练目标。

项目一　高速铁路客运服务人员形体舞蹈训练

任务引入

形体舞蹈是一种综合性的形体训练方式,舞蹈对人的形体有一定的塑造作用,能够达到收腰、健胸和美腿的效果,同时练习形体舞蹈可以让舞蹈者在优美的音乐中放松身心,陶冶情操。通过持续的练习,能修身养性、增强气质,帮助人们在繁忙的工作中找到属于自己的一片净土。

请思考:

高速铁路客运服务人员学习形体舞蹈有怎样的益处?

任务一　《亲爱的旅人》形体舞蹈训练

一、插秧步动作要领

(1)以右脚在前五位为例,主力腿半蹲,动力腿绷脚背,脚后跟贴在主力腿的小腿肚下沿。

(2)踩下左脚半脚尖,膝盖伸直,右脚绷脚背,脚后跟贴在左腿小腿肚。

(3)右脚向二位方向伸出,半脚尖点地,同时左脚跟上,脚后跟贴于右腿前方小腿肚处。

(4)左脚半脚尖下踩,落下脚后跟的同时,右脚绷脚背,脚后跟贴在左腿后方小腿肚处,主力腿保持半蹲状态。

视 频

《亲爱的旅人》形体舞蹈训练

二、训练内容

(1)准备动作:面向∠1 方向,一位脚站立,芭蕾一位手准备。

(2)动作 1:①-②准备;③-④手从一位到二位,打开至七位手;⑤-⑥右脚向旁擦出,划至后点地位;⑦-⑧行屈膝礼。

(3)动作 2:①-②一位脚,一位手;③-④二位手;⑤-⑥三位手;⑦-⑧七位手后,手臂收回一位。

(4)动作 3:①-②左脚向前擦出点地,同时主力腿半蹲,二位手;③-④左脚向后画圈至后点地位,双臂打开五位手;⑤-⑥重心向左脚推起,同时右脚跟上,右脚在前半脚尖立起,三位手;⑦-⑧五位右脚在前半蹲,双臂从三位落下七位手,呼吸一次落至一位手。

(5)动作 4:①-②五位右脚在前,向右边做布雷舞步,一位手;③-④半蹲同时双手两侧打开一次;⑤-⑥重心右腿半蹲,左腿向前擦出,脚尖点地;⑦-⑧左脚向后画圈至后点地位,伸直,双臂打开,重心在右腿上。

(6)动作 5:①-④左腿向前擦出点地,手臂同时落回一位、二位打开至五位手;⑤-⑥左腿弯曲,脚尖点在右腿膝盖处。双臂抱回二位;⑦-⑧展示迎风展翅舞姿。

(7)动作 6:①-②半脚尖小碎步横向向左,手臂头顶处轻柔地向左摆动,同时右脚前点地,左腿主力腿半蹲；③-④半脚尖小碎步横向向右走，手臂向右摆动，同时左脚前点地，右腿主力腿半蹲；⑤-⑧重复①-④的动作。

(8)动作 7：①-②左脚快速与右脚并拢，半脚尖立起，三位手；③-⑥半脚尖顺时针转一圈，同时手臂上下挥舞两次后右脚在前五位站立；⑦-⑧五位脚半蹲，同时手臂收回一位。

三、训练评价

1. 评价要求

(1)能够在规定时间内完成整套训练动作。

(2)动作规范、准确、协调。

(3)个人训练时能够克服畏难情绪，克服身体的疼痛感，排除干扰，关注自身。

(4)团队训练时能够培养互相协作、互相鼓励的团队协作意识，塑造吃苦耐劳的工作品质，树立精益求精的工作态度。

2. 评价内容

评价内容见表 4-1-1。

表 4-1-1　《亲爱的旅人》形体舞蹈训练自评/互评工单

姓名：______________　　地点：______________　　时间：______________

训练任务	考查要点	分值	个人评分(30%)	组内评分(30%)	教师评分(40%)	最终得分
《亲爱的旅人》形体舞蹈训练	动作完整	20				
	动作规范	20				
	节奏准确	20				
	精神面貌饱满	20				
	小组完成协调统一	20				
合计		100				

任务二　《枕边童话》形体舞蹈训练

一、跳跃动作要领

(1)在所有跳跃动作中，舞者都会先通过下蹲的动作来蓄力，为腿部提供足够的力量，使其能跳离地面。

(2)跳起时，双脚快速绷直、膝盖富有弹性，同时保持背部直立且紧实。

(3)落地时，双脚要轻轻地落到地面，并屈膝给予膝关节缓冲，这样才能顺利地进行连续跳跃。

二、移动跳跃动作要领

(1)双脚呈五位脚站立，双手置于一位。当重心向右移动的瞬间，双脚同时跳离地面，然后依次落地，先右脚，后左脚。

(2)跳起时，主要依靠脚腕的力量跳起，使身体向上跃起。在空中双脚的脚背要绷紧，重心向上，仿佛有一根绳子挂在从头顶向上拉起。

(3)与小跳的同时跳起同时落地不同，移动跳跃同时跳起后，在落地时先落下右脚，左腿在空中保持约 25°的角度，通过擦地收回前五位。

视频

《枕边童话》形体舞蹈训练

三、训练内容

(1)准备动作：面向∠1 方向，一位脚站立。①-④双手抬起到二位后打开至七位；⑤-⑥左腿单腿蹲，右脚贴于左脚腕处同时双手下落；⑦-⑧向后退一步，左脚前点地，同时双手自然打开，身体直立。

(2)动作 1：①-②向 1 点钟方向行进，左脚绷起，迈出，右腿跟上去，半脚尖位置停留，右腿动作相同；向 2 点钟方向行进，重复以上动作。③-④头看向 1 点钟方向；⑤-⑥双脚一位半蹲，同时双臂落下一位手；⑦-⑧左腿向 2 点钟方向擦地出去，右臂不动，左臂向上拉至三位手。

(3)动作 2：①-②倒重心在两腿间，四位脚、左手直接三位落下至二位后，双手二位环抱；③-④倒重心回到后腿上，左臂向旁拉开，右臂抬起至三位；⑤-⑥左脚向 8 点钟方向做布雷舞步，同时左臂高，右臂低，向 8 点钟方向伸长延伸；右腿向 4 点钟方向退步做布雷舞步，同时手臂下划至六位，上身向左臂方向前倾。⑦-⑧重复⑤-⑥动作。

(4)动作 3：①-②左腿向正前方半脚尖推出，右腿半脚尖跟上，同时双手抬起到三位，逆时针方向旋转一圈；转至面向 2 点钟方向停止，双手从面前落下，至七位；③-④同时右腿半蹲，左腿向 2 点钟方向擦出，左侧腰拉起；⑤-⑥半蹲的基础上左脚收至前五位，手收回一位；⑦-⑧双腿膝盖伸直，立起。

(5)动作 4：①-②呼吸，带动双臂向侧上方抬起。从胯根处折叠向下双臂经过呼吸同时落至二位手；③-④三位手带动身体向上抬起，身体直立。三位手，胸腰打开，向后仰；⑤-⑥双手落下七位，右脚准备，上身回正；⑦-⑧向左边做一次布雷舞步动作，身体最终面向 8 点钟方向，右脚在前五位脚，收回一位手。

(6)动作 5：①-②移动跳跃(右边起)，左腿留住擦地收回前五位，身体面向∠2 方向；③-④原地不动；⑤-⑧重复①-④跳跃动作。

(7)动作 6：①-②左脚向 8 点钟方向，右腿向 4 点钟方向退步做布雷舞步动作，同时手臂下划至六位，上身向左臂方向前倾；③-④重复①-②动作；⑤-⑥左腿向 8 点钟方向半脚尖推出，双手抬起到三位，逆时针方向旋转一圈；转至面向∠2 方向停止，双手从面前落下，至七位；⑦-⑧右腿半蹲，左腿向 2 点钟方向擦出，左侧腰拉起，身体带动右臂向下方延伸。

四、训练评价

1. 评价要求

(1)能够在规定时间内完成整套训练动作。

(2)动作规范、准确、协调。

(3)个人训练时能够克服畏难情绪，克服身体的疼痛感，排除干扰，关注自身。

(4)团队训练时能够培养互相协作、互相鼓励的团队协作意识，塑造吃苦耐劳的工作品质，树立精益求精的工作态度。

2. 评价内容

评价内容见表 4-1-2。

表 4-1-2 《枕边童话》形体舞蹈训练自评/互评工单

姓名：________________　　　　地点：________________　　　　时间：________________

训练任务	考查要点	分值	个人评分（30%）	组内评分（30%）	教师评分（40%）	最终得分
《枕边童话》形体舞蹈训练	动作完整	20				
	动作规范	20				
	节奏准确	20				
	精神面貌饱满	20				
	小组完成协调统一	20				
合计		100				

项目二　高速铁路客运服务人员民族舞蹈训练

任务引入

在民族或地区的物质文明与精神文明发展的过程中，由劳动群众集体创作，并在群众中传承且仍在流传的舞蹈形式被称为民族民间舞蹈。它具有鲜明的地域与民族特点，既反映了特定历史时期经济条件下的文化背景，又随着社会生活的发展而融入新的元素？

请思考：

高速铁路客运服务人员了解和学习少数民族习俗对职业发展有怎样的作用？

任务一　蒙古族舞蹈训练

一、舞蹈特征

蒙古族是一个能歌善舞的民族。蒙古族舞蹈节奏明快、热情奔放、风格独特，舞蹈动作多以抖肩、翻腕为主，生动地展现了蒙古族姑娘热情开朗的性格。男子的舞姿则挺拔豪迈，步伐轻捷洒脱，充分体现了蒙古族男性英武、刚劲有力之美。保留节目有《筷子舞》《马刀舞》《驯马舞》《盅碗舞》《挤奶员舞》《鹰舞》《牧民的喜悦》《祝福》《鼓舞》等。

蒙古族舞蹈源于民间，后逐渐搬上舞台，以久负盛名的《筷子舞》为例，它最初是鄂尔多斯的民间舞蹈，已有 150 多年的历史。《筷子舞》自娱性很强，由坐式表演，逐步发展为边蹲、边站、边走同时巧妙自如地用筷子敲击身体不同部位，变化丰富画面的舞蹈形式，这种表现形式真切地抒发了牧民热爱生活，乐观欢快的性格和情感。

二、训练内容

视频

蒙古族舞蹈训练

1. 基本手位

（1）一位手：双手胯前呈按掌，肘部上臂架起，微微弯曲，呈椭圆形，如图 4-2-1 所示。

(2)二位手:双手体前伸直形成 25°角,手背向上,如图 4-2-2 所示。

(3)三位手:分为斜前方和身体两侧,如图 4-2-3 所示。

图 4-2-1　一位手

图 4-2-2　二位手

图 4-2-3　三位手

(4)四位手:双手侧平举 90°,如图 4-2-4 所示。

(5)五位手:双手向斜上方伸出,呈椭圆状,如图 4-2-5 所示。

(6)六位手:大臂向旁端平,小臂向里屈回,手心向下,如图 4-2-6 所示。

图 4-2-4　四位手

图 4-2-5　五位手

图 4-2-6　六位手

(7)七位手:双手叉腰,手握空心拳或掌形,如图 4-2-7 所示。

图 4-2-7　七位手

2. 肩部动作

(1)硬肩:叉腰位,左肩向前顶,右肩向后收,注意一定是肩头发力,向后时用肩部后侧向后推,同时胳膊肘向前,如图 4-2-8 所示。

(2)柔肩:在硬肩的基础上,将动作变得更加柔和,如图 4-2-9 所示。

(3)耸肩:双肩同时向上耸起,重拍向上,如图 4-2-10 所示。

图 4-2-8　硬肩

图 4-2-9　柔肩

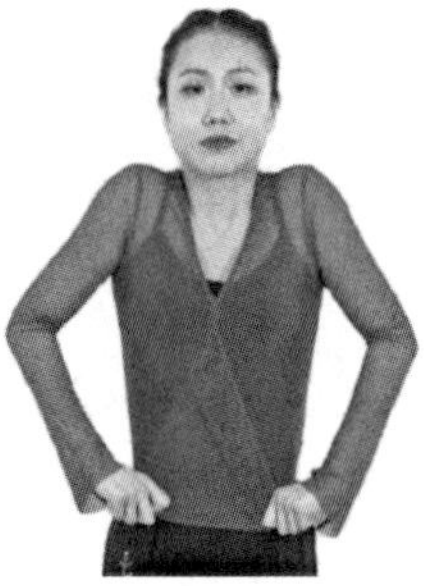

图 4-2-10　耸肩

(4)笑肩:双手叉腰,重拍向下,与耸肩时相反,如图 4-2-11 所示。

(5)碎抖肩:双臂展开,可放至斜下或者侧平举,肩膀放松,手心摊开,上背部向后仰,重点在肩部,动作要小、碎、快,如图 4-2-12 所示。

图 4-2-11　笑肩

图 4-2-12　碎抖肩

3. 训练要求

蒙古族舞蹈节奏明快、热情奔放、风格独特。组合中多以肩部、腕部动作为核心,展现蒙古族人民开朗豁达的性格和豪放英武的气质,彰显独具特色的民族风格。

4. 训练内容

(1)准备动作:背对 1 点钟方向,蒙古族五位手,右脚后踏步。

(2)动作 1:①-⑧向后转身手七位,同时做耸肩,重心左右挪动。

(3)动作 2:①-⑧双手从六位打开至四位。

(4)动作 3:①-⑧向前迈两步,右脚先走;双手七位,肩膀做耸肩动作。

(5)动作 4:①-⑧向后退两步,双手七位,肩膀做耸肩动作。

(6)动作 5:①-⑧自然位站立,双臂一位手硬腕。

(7)动作 6:①-⑧双臂二位手硬腕。

(8)动作 7:①-⑧双臂三位手硬腕。

(9)动作 8:①-⑧双臂四位手硬腕。

(10)动作 9:①-⑧双臂五位手硬腕。

(11)动作 10:①-⑧双臂六位手硬腕。

(12)动作 11:①-⑧右脚向前迈步,同时左臂上举,右臂平举,做硬腕动作。

(13)动作 12:①-⑧左脚向前迈步,同时右臂上举,左臂平举,做硬腕动作。

(14)动作 13:①-⑧向后转,背对 1 点钟方向,同时碎抖肩;双臂向上举起后双手七位叉腰,同时身体转向 1 点钟方向,单膝跪地。

三、训练评价

1. 评价要求

(1)能够在规定时间内完成整套训练动作。

(2)动作规范、准确、协调。

(3)个人训练时能够克服畏难情绪,克服身体的疼痛感,排除干扰,关注自身。

(4)团队训练时能够培养互相协作、互相鼓励的团队协作意识,塑造吃苦耐劳的工作品质,树立精益求精的工作态度。

2. 评价内容

评价内容见表 4-2-1。

表 4-2-1　蒙古族舞蹈训练自评/互评工单

姓名:________　地点:________　时间:________

训练任务	考查要点	分值	个人评分(30%)	组内评分(30%)	教师评分(40%)	最终得分
蒙古族舞蹈训练	动作准确	20				
	节拍准确	20				
	舞蹈美感	20				
	精神面貌饱满	20				
	小组完成协调统一	20				
合计		100				

任务二　傣族舞蹈训练

一、舞蹈特征

傣族人民勤劳勇敢,温柔善良,“水一样的民族”是对傣族人民性格的生动描述,傣族人礼貌温和,外柔内刚,既智慧聪明又幽默诙谐,他们的性格如同水一般,有时似涓涓细流,温柔细腻;有时像大江洪流,汹涌澎湃。这种丰富多彩的民族性格也在傣族舞蹈中得到了充分的体现。

傣族舞蹈种类繁多,形式多样,且流行范围广泛,各具特色。

傣族舞蹈练习方法也别具一格。傣族舞以优美、轻盈、朴实、矫健著称,情感表达含蓄内敛。跳舞时,舞者下半身多保持半蹲状态,身体、手臂、下肢的每个关节都有弯曲,形成了特有的“三道弯”造型。第一道弯从立起的脚掌至弯曲的膝部;第二道弯从膝部到胯部;第三道弯从胯部到倾斜的上身。此外,重拍向下均匀颤动的动作也形成了其特有的韵律和节奏特征。

除了人们熟知的《孔雀舞》,傣族舞还有《象脚鼓舞》《长甲舞》《蜡条舞》《鱼舞》等。

二、训练内容

视频

傣族舞蹈训练

1. 手形动作

(1)掌形(图 4-2-13):要求四指并拢,虎口张开,拇指靠近掌心,不要外翘,手掌用力伸展。在掌形的基础上做立掌、横立掌、提腕掌、托掌、摊掌。

(2)爪形(图 4-2-14):掌形基础上食指从第二关节处弯曲,保持手掌打开,向外扩张。

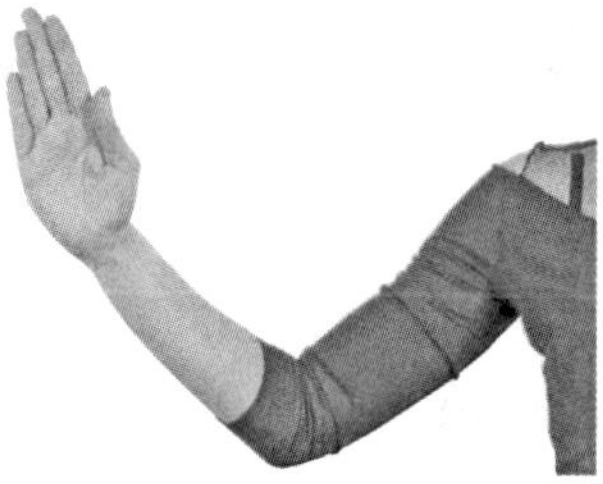

图 4-2-13　掌形

图 4-2-14　爪形

(3)嘴形(图 4-2-15):这是模仿孔雀时用到的手形。食指与拇指指腹捏在一起,其余三根手指用力翘起分开

(4)冠形(图 4-2-16):食指与拇指指尖相对,形成空心的圆形,其余三根手指用力翘起分开。

图 4-2-15　嘴形

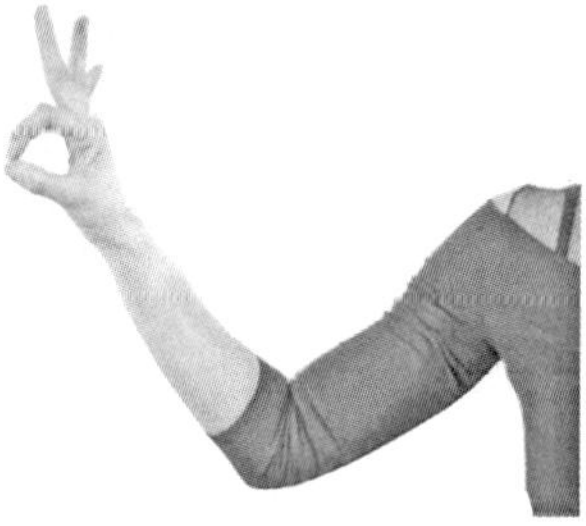

图 4-2-16　冠形

(5)曲掌(图 4-2-17):四指并拢,从指根处向掌心弯曲成握拳状,拇指立起,向外张开。

(6)叶掌(图 4-2-18):两手手腕相对,手呈兰花指状。

图 4-2-17　曲掌

图 4-2-18　叶掌

2. 手位动作

(1)一位手动作:分为基础一位(图 4-2-19)、旁一位(图 4-2-20)和后一位(图 4-2-21)三个方位。基础一位要求双臂弯曲,双手掌型位于胯前,手肘向两侧架起。双手指尖相对,相隔一拳,掌心向下。旁一位要求在基础一位上,小臂向旁拉开,指尖对胯旁,掌心向下,手与身体相距一拳距离。后一位要求在基础一位上,手肘向后拉开,指尖向前,掌心向下,双臂与肩齐宽。

图 4-2-19　基础一位

图 4-2-20　旁一位

图 4-2-21　后一位

(2)二位手动作:分为基础二位(图 4-2-22)和里二位(图 4-2-23)两种。基础二位要求双臂齐肩宽,抬起手臂至胸前弯曲,手肘朝下,手型为上立掌。掌心向前,也可做下立掌,垂肘,掌心向前,指尖向下。里二位要求双臂弯曲于胸前,肘部架起,两手腕相对,呈弯曲状,手形为横立掌,手心向两侧。

图 4-2-22　基础二位

图 4-2-23　里二位

(3)三位手动作:分为基础三位(图 4-2-24)和大三位(图 4-2-25)两种。基础三位要求双臂经两侧抬至头顶上方,手腕相靠,手肘向旁打开,掌心向两侧,指尖向上。大三位要求在基础三位上两臂向旁分开,双手在体侧斜上方,手掌向上;也可做扣掌,掌心向下,指尖向旁。

图 4-2-24　基础三位

图 4-2-25　大三位

(4)四位手动作:一只手位于三位,另一只手位于二位或里二位,如图 4-2-26 所示。

(5)五位手动作:一只手位于三位,另一只手位于七位,如图 4-2-27 所示。

图 4-2-26　四位手动作

图 4-2-27　五位手动作

(6)六位手动作:一只手位于里二位,另一只手七位,如图 4-2-28 所示。

(7)七位手动作:双臂抬至两旁与肩平行,垂肘向上做上立掌,掌心向旁,指尖向上,如图 4-2-29 所示。

图 4-2-28　六位手动作

图 4-2-29　七位手动作

3. 基本舞姿

(1)低展翅:脚下向旁点步,一手呈大一位,掌心相对,指尖向上翘起,另一只手置于旁一位,掌心向下,指尖向内,上身向一侧微倾,目视前方,如图 4-2-30 所示。

图 4-2-30　低展翅

(2)双合翅:脚下呈向旁丁字步,手臂从三位抬起到头顶上方,肘部微屈,手腕相靠,上身向旁点步一侧倾斜,身体保持挺拔,目视斜下方,如图 4-2-31 所示。

(3)抱合翅:一脚前点位,双膝旁屈,一手二位驾肘扣腕,掌心向外,指尖向前,另一手三位做扣腕立掌,掌心向外,指尖向上,上身向前点地一侧倾斜,如图 4-2-32 所示。

图 4-2-31　双合翅

图 4-2-32　抱合翅

(4)立亮翅:一脚后踏步,一只手呈三位,扣腕立掌,掌心向外,指尖向上,另一只手置于旁一位,扣腕,掌心向外,指尖向下。旁腰提起,眼睛看三位手方向,如图 4-2-33 所示。

图 4-2-33　立亮翅

(5)提裙旁靠:双手提裙,一腿屈膝,另一腿向侧面点靠,上身向前靠步的方向探出,目视旁靠步腿的下方,形成"三道弯"的姿态,如图 4-2-34 所示。

图 4-2-34　提裙旁靠

4. 训练要求

傣族舞蹈动作较为平稳,仪态安详,跳跃动作较少,其基本动律多为重拍向下,双膝在弯曲中屈伸,以屈伸动作带动身体颤动和前后轻摆。脚步动作多为后踢,踢起时快速而有力,落地时轻盈而稳健，展现一种内在的含蓄与稳健的力量美。

5. 训练内容

(1)准备动作：跪于地面，手臂呈基础位；双臂向上拉起后双手合十。

(2)动作1：①-④跪地，上肢曲掌后到里二位，摆动两次。⑤-⑧上肢曲掌到里二位后上下立掌，交换一次。

(3)动作2：①-④上肢曲掌后立亮翅后右手向胸口下压，手指向上，身体向右倒，眼睛看向高处的手掌。⑤-⑧反方向重复①-④动作。

(4)动作3：①-④上肢曲掌后双臂七位推开，上肢手掌上下立掌变换一次。⑤-⑧臀部离开双脚的同时双臂上举后双手胸前立掌交叉，拉回至身后向两侧推开。

(5)动作4：①-④曲掌，左臂侧前方摊出，右臂搭在左小臂处，左手腕转一圈。⑤-⑧反方向重复①-④动作。

(6)动作5：①-④站立起身；向左迈步，右脚点地，双手一位基本位；反方向重复一次。⑤-⑧向左迈步，低展翅位，呼吸一次后向右迈步，低展翅位。

(7)动作6：①-④向7点钟方向迈步，左手前立掌，手心向上，右手指尖点放在左小臂，呼吸一次。⑤-⑧右脚向后撤步，双臂上举后向前方划下至提裙旁靠。

(8)动作7：①-④踏步摆臂。⑤-⑧左臂带着，向左后方走圈，右手点放在左小臂。

(9)动作8：①-④重心左腿半蹲，上肢向右倒，双臂三位基础位。⑤-⑧右腿向后撤步，左臂七位拉开，右臂基础位。

三、训练评价

1. 评价要求

(1)能够在规定时间内完成整套训练动作。

(2)动作规范、准确、协调。

(3)个人训练时能够克服畏难情绪，克服身体的疼痛感，排除干扰，关注自身。

(4)团队训练时能够培养互相协作、互相鼓励的团队协作意识，塑造吃苦耐劳的工作品质，树立精益求精的工作态度。

2. 评价内容

评价内容见表4-2-2。

表4-2-2 傣族舞蹈训练自评/互评工单

姓名：__________ 地点：__________ 时间：__________

训练任务	考查要点	分值	个人评分(30%)	组内评分(30%)	教师评分(40%)	最终得分
傣族舞蹈训练	动作准确	20				
	节拍准确	20				
	舞蹈美感	20				
	精神面貌饱满	20				
	小组完成协调统一	20				
合计		100				

学习小结

模仿是有效的形体训练方法之一。舞蹈是人体动作的艺术，是经过提炼、组织和美化的人体动作，即舞蹈化了的人体动作。舞蹈的基本要素是姿态、节奏和表情，这些要素直接影响舞蹈的风格和美感的形成，也直接决定了作品所展示的人物性格、情操、风度、气质和情感。

知识拓展

铁路客运岗位规范——“复兴号”动车组列车、“和谐号”动车组列车列车长作业流程

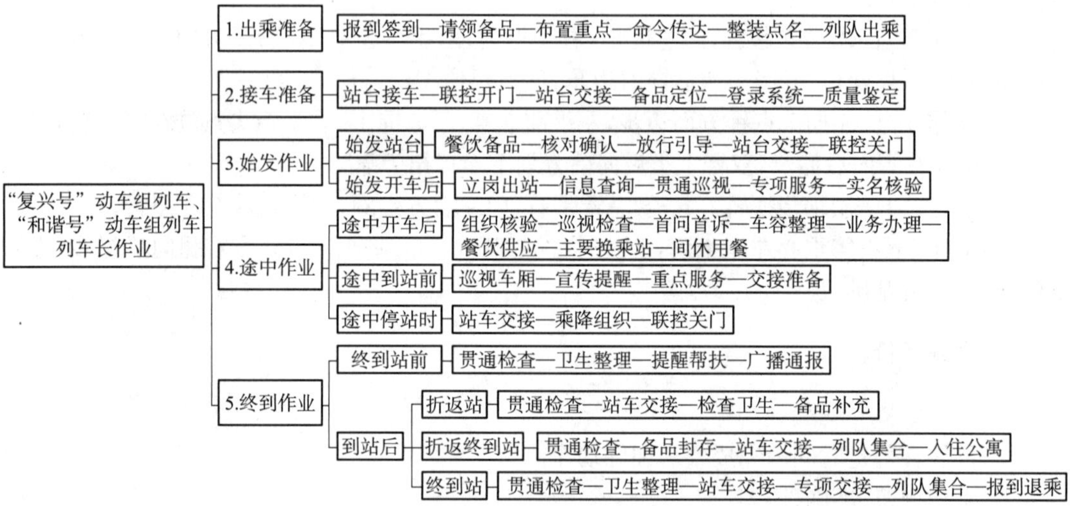

铁路客运服务先锋

95后“十佳列车长”李培瑜

李培瑜，西安铁路职业技术学院2018届毕业生，现任西安局集团公司西安客运段列车长。自参加工作以来，从绿皮车列车员到动车组列车列车长，她将6年无悔的青春绽放在列车上，在平凡的岗位上留下坚实的脚印，先后获得西安客运段“女职工先进个人”“春运服务明星列车长”“优秀工会积极分子”“先进个人”“先进生产者”等荣誉称号。

入职以来，她始终怀着对客运服务工作的热爱，爱岗敬业，勤于思考，打造了“一朝入长安，一日阅千年”特色“百合花”班组，在做好基础服务的同时，着力打造特色服务，设置“百合”服务箱供旅客应急使用，并从城市简介、城市象征、自然风光、旅游景点、特色小吃、风土人情、城市交通等九个方面整理西安相关资料，将长安千年文化浓缩进小小的二维码中，以《西安人的歌》为背景音乐，旅客扫码即可图文并茂地认识长安、了解长安。

通过参加段上组织的安全警示教育活动等，“百合花”班组列车长李培瑜形成了居安思危的思想意识，她根据线路及车型特点，在值乘中查找总结风险点，精准研判安全风险，落实作业标准，消除存在隐患。因此，她对列车突发的应急事件做好了充分的思想准备和心理准备，并

有着充分的认识和有效的应对措施。

日常班组管理中，她总结贯穿“三个一”工作理念：“一心一意提升服务质量，一丝不苟对待服务工作，一如既往保持服务水准”，致力于建设更高标准、更高质量、更高水平的客运服务团队，带领班组荣获“2022 年度先进集体”“安全先进班组”称号。

一花独放不是春，百花齐放春满园。在提升自身能力素质的同时，她充分发挥传帮带作用，竭尽所能帮助职工补齐短板、发挥所长，提升工作能力，所带班组涌现了多名先进人物，其中 3 名职工成功竞聘成为后备列车长。作为一名局聘客运实作教师，她先后对 170 余名客运服务储备人员、150 余名预备列车长进行实作培训，助力诸多客运服务人员通过考核、顺利上岗。

作为一名 95 后，李培瑜丝毫不显浮躁，她的关键词是“扛事”“担当”“勇敢”。她时刻牢记肩上的责任，从点点滴滴做起，从进入工作的懵懵懂懂成长为高素质的岗位能手，她把无数旅客的生命财产安全植根在心间，在无数个日日夜夜留下了最坚实的脚印，也成为年轻的铁路人学习的榜样。

同步思考与技能训练

1. 结合蒙古族、傣族人民的生活特点，简述蒙古族、傣族舞蹈的动作特征。
2. 请根据音乐，完成民族舞蹈训练。
3. 请根据音乐，完成形体舞蹈训练。

模块五　高速铁路客运服务人员职业仪态训练

知识导图

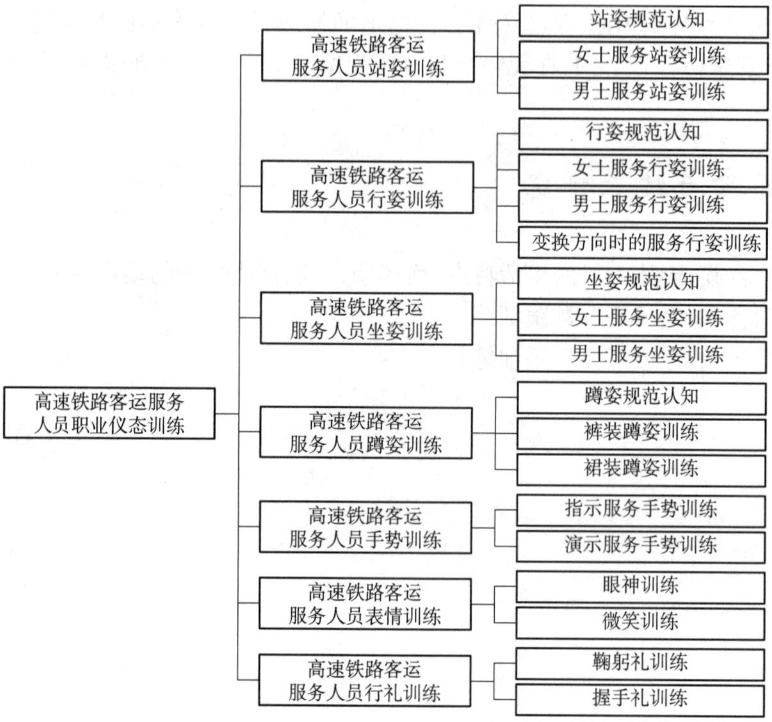

模块概述

本模块主要介绍高速铁路客运服务人员职业仪态相关技能训练，包含 7 个项目、19 个任务，每项任务可通过训练评价进行自评与互评总结。在了解高速铁路客运服务人员工作岗位的基础上领会良好的仪态在客运服务工作中的意义与作用，掌握站姿、行姿、坐姿、蹲姿、手势、微笑与行礼等训练的基础与路径，了解仪态训练是奠定优质客运服务工作的基础。

学习目标

1. 素养目标

(1)建立科学的审美观念，提升审美素养。

(2)培养服务旅客的意识和习惯，彰显高速铁路客运服务人员应具备的礼仪素养和职业素质，用良好的礼仪形象提升职业内涵。

(3)培养吃苦耐劳、严谨细致的工作作风。

2. 知识目标

(1)了解站、行、坐、蹲、手势、微笑、握手与鞠躬训练的意义和注意事项。

(2)明确各种服务仪态的工作场景、动作标准和训练方法。

(3)明确各种服务仪态的动作要领，掌握它们的训练方法和训练内容。

3. 能力目标

(1)能够完成站、行、坐、蹲、手势、微笑、握手与鞠躬训练的内容。

(2)能够明确站、行、坐、蹲、手势、微笑、握手与鞠躬的训练重点与难点问题。

(3)能够主动运用多种学习模式进行训练，调整良好的训练状态，提升训练效果，实现优质服务的训练目标。

项目一　高速铁路客运服务人员站姿训练

任务引入

站姿是一个人站立时的身体姿态，是一种静态的身体造型，也是动态身体造型的基础和起点。规范的站姿是保持良好体形的秘诀，更是衡量一个人外表和精神的重要标准。因此，规范的站姿不仅能够体现高速铁路客运服务人员的精神状态、品质修养和健康状况，更能彰显其职业气质与风度。

请思考：

高速铁路客运服务人员有几种岗位规范站姿？在何种情景下使用？

任务一　站姿规范认知

服务站姿是高速铁路客运服务工作流程中常用职业仪态之一，贯穿于出乘准备、接车准备、始发作业、途中作业和终到作业的各个环节。它常用于报到签到、接受命令、整装点名、站台接车、立岗引导、乘降组织、立岗出站、站车交接、立岗送客、列队集合等工作场景。

服务站姿是在个人站姿习惯的基础上，通过强化身体素质和专业训练，纠正错误的站立姿势，保留个人原有的良好站立风貌，从而建立符合高速铁路客运服务人员职业气质的服务站姿规范。

正确的站姿能够锻炼肌肉的用力感，增强对重心的控制，提升平衡能力，提高身体的协调性，促进肌肉均匀发展，完善身体的曲线美。优美的站姿不仅能够体现高速铁路客运服务人员的品质、修养和健康等状况，更能够彰显高速铁路高质量服务的理念。

一、站姿基本要求

客运服务人员的站姿应端庄、自然、亲切且稳重，这样才能彰显规范的职业形象。其基本要求如下：站立时，从纵向看，应有挺拔感，即从脚部向上延伸，经过膝、腿、臀、腰、腹、背、肩、颈、头，整个身体呈现出挺拔的姿态；从横向看，要有开阔感，即双肩、腰背及身体躯干要有舒展之态；从侧向看，要有垂直感，即从耳、颈、肩、背、臀、腿至脚踝呈一条直线，给人以挺拔、直立、高挑的美感。具体标准见表 5-1-1。标准站姿如图 5-1-1 所示。

表 5-1-1　站姿标准

身体部位	身体状态标准
头部	头颈挺直，双眼平视前方，下颌微收，表情自然，面带微笑
肩部	颈部向后微收，背肌带动肩胛骨向后向下微收，双肩平正，放松下沉
背部	胸部挺起，腹部微收，脊柱向上延伸，背部直立
手臂	双臂自然下垂置于体侧，五指自然并拢，中指贴裤缝
腿部	双膝并拢直立，大腿内侧收紧，脚跟并拢，脚尖形成 45°～60°角，重心稳定
躯体	侧看头、颈、肩、背与下肢呈直线，近乎垂直于地面

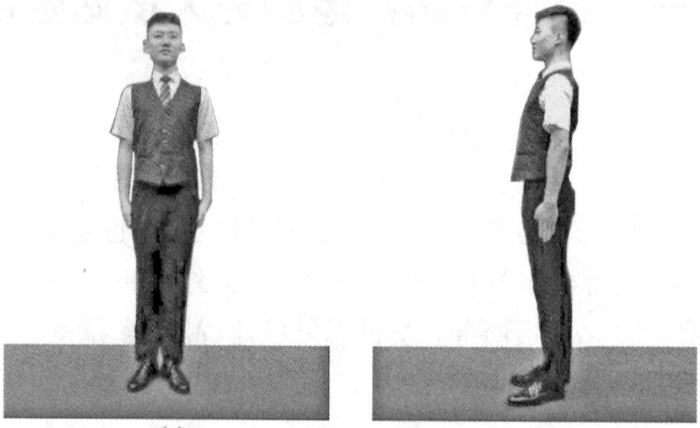

(a)　(b)

图 5-1-1　标准站姿

二、站姿常见问题

站立时，应避免僵直，肌肉不能过于紧张。切忌弓腰驼背、挺肚后仰、东倒西歪。双手不能插在裤袋、腰间或抱臂于胸前。不良站姿的具体表现见表 5-1-2。在保持站姿的同时，可以适当变换姿态，以展现静态美。

表 5-1-2　不良站姿的具体表现

部位	不良站姿	具体表现特征及影响
身位不当	弯腰驼背	弯腰驼背最明显的体态就是腰部弯曲、背部弓起。同时会伴有颈部弯缩、胸部凹陷、腹部凸出、臀部撅起等问题。弯腰驼背会显得从业者缺乏锻炼、无精打采，甚至健康不佳
	歪歪斜斜	站立时身躯明显地歪斜，如头偏、肩斜、腿曲、身歪或膝部不直，直接破坏了人体的线条美；有时还会看到某些从业者将身体倚靠在柱子、墙壁或桌子旁，甚至还伴有身体的晃动或抖动。这样会显得颓废消沉、萎靡不振、自由放荡

续上表

部位	不良站姿	具体表现特征及影响
手位不当	双手抱在脑后	显得不成熟、不专业，随意性强
	用手托着下巴	显得心不在焉，缺乏积极向上的心态
	两臂交叉在胸前	显得盛气凌人，容易使旅客有受压迫之感
	双手抱于胸前	显得不自信，有防御、戒备之嫌
	把肘部支在某处	显得不庄重、无礼、瞧不起他人
	双手或单手叉腰	往往含有进犯之意，对旅客非常不尊重
	将手插在衣服或裤子口袋里	有消极、散漫之嫌
	不时做小动作	显得拘谨，给人以缺乏自信感觉
腿位不当	两腿交叉站立	显得不成熟、不严肃
	两腿分开过大	男性从业人员站立时两腿分开超过肩宽，会给旅客留下大大咧咧、不拘小节的感觉；女性从业人员站立时双腿不能分开，否则将会被认为是不注重细节、没教养
脚位不当	“人”字步脚位	即“内八字”步，给人一种身体扭曲感，不庄重大方
	蹬踩式脚位	一只脚站在地上的同时，另一只脚踩在其他物体上。这种脚位显得不文明、没有素质和教养

任务二　女士服务站姿训练

一、训练要领

高速铁路客运服务女士站姿主要表现出端庄、典雅、轻盈之态，体现出铁路职工良好的职业风貌。常见的客运服务女士站姿有以下三种。

1. 女士肃立式站姿

训练者需脚跟并拢、脚尖形成45°角，呈“V”字状；双臂自然下垂于体侧，中指贴裤缝；其余体位遵守标准站姿规范，如图5-1-2所示。

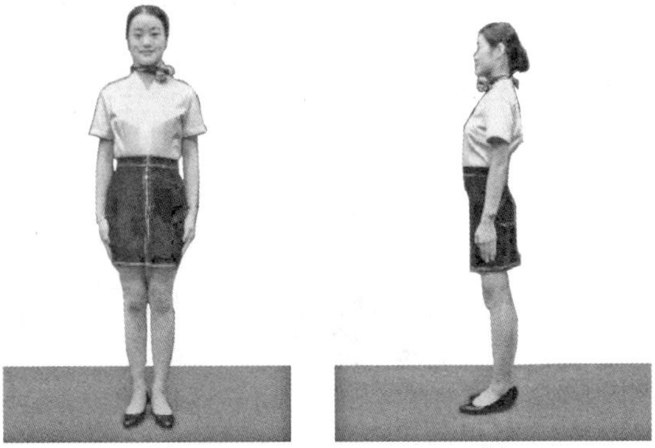

(a)　　(b)

图5-1-2　女士肃立式站姿

2. 体前屈臂式站姿

(1)手位：双手虎口相交叠置于中腹部，右手握左手四指部分，左手四指不外露，拇指内收于手掌内侧不外露，手掌呈“心”形，大臂、小臂与手背在同一平面，其余体位遵守标准站姿规范。

(2)脚位：双脚一前一后，左脚跟靠近右脚弓处，两脚尖形成 30°～45°角，呈斜写的“丁”字形，重心置于两脚之间，双膝并紧不留缝隙，如图 5-1-3 所示。

3. 女士单臂式站姿

训练者需双脚呈“丁”字形站位，左臂置于腹前，右手完成引导或倒水等服务动作；其余体位遵守标准站姿规范。根据协调均衡原则，右臂置于体前需与右丁字步配合，如图 5-1-4(a)所示，左臂置于体前需与左丁字步配合站立，如图 5-1-4(b)所示。

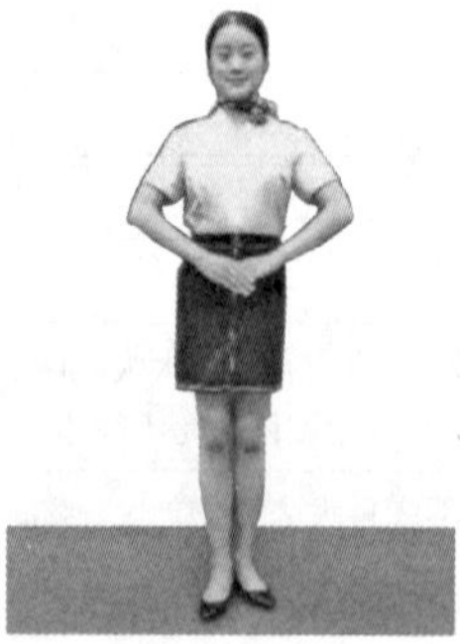

图 5-1-3　体前屈臂式站姿

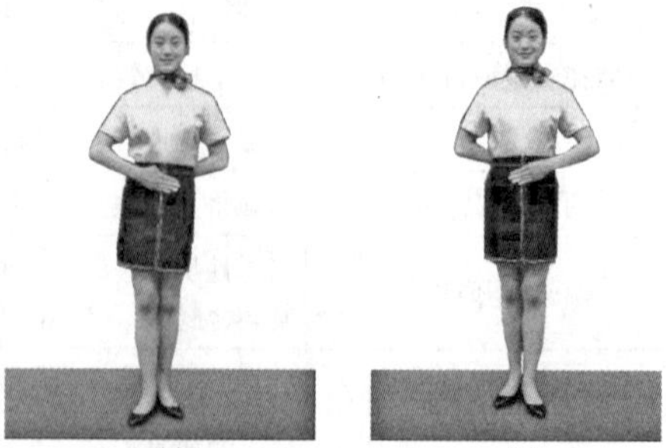

(a)　(b)

图 5-1-4　女士单臂式站姿

二、训练内容

(1)“五点定位”训练(图 5-1-5)：身体后侧贴墙站立，将后脑、双肩、臀部、小腿和脚跟并拢，紧靠墙面，保持呼吸均匀、加强腰腹部与墙面对抗感，坚持站立 20 min。

(2)双人靠背站立训练：要求两人身高、体重相当，脚跟并拢，将后脑、双肩、臀部、小腿及脚跟尽量与对方靠紧，如双方力量不均匀，可将双方双手握紧，以保持平衡。站立时间为 20 min。

(3)夹纸训练(图 5-1-6)：脚跟并拢，脚尖分开 45°，膝盖收紧，将一张 A4 纸夹在双膝之间，保持身体稳定，确保纸张不松动、不掉落。

(4)顶书训练(图 5-1-7)：待训练者按标准站姿准备好后，将书本放置于头顶，保持平衡稳定，放置时颈部不能前伸。

(5)对镜训练：面对镜子站立，在规定时间内保持姿态稳定，避免出现不必要的细碎动作。

图 5-1-5　“五点定位”训练

图 5-1-6　夹纸训练

图 5-1-7　顶书训练

三、训练评价

1. 评价要求

(1)能够区分服务站姿的种类及使用场景。

(2)动作规范、准确、协调。

(3)个人训练时能够克服畏难情绪,感受挺拔站立的状态,注意肢体语言与表情的配合度。

(4)团队训练时能够整齐划一,发扬吃苦耐劳的工作作风,树立精益求精的工作态度。

2. 评价内容

评价内容见表 5-1-3。

表 5-1-3　女士服务站姿训练自评/互评工单

姓名:＿＿＿＿＿＿　　地点:＿＿＿＿＿＿　　时间:＿＿＿＿＿＿

训练任务	考查要点	分值	个人评分(30%)	组内评分(30%)	教师评分(40%)	最终得分
女士服务站姿训练	动作完整	20				
	动作规范	20				
	表情到位	20				
	精神面貌饱满	20				
	小组完成协调统一	20				
合计		100				

任务三　男士服务站姿训练

一、训练要领

高速铁路客运服务男士站姿主要表现出挺拔、威严和俊朗之态,体现出铁路职工干练的职业风貌。常见的男士服务站姿有以下四种。

1. 男士肃立式站姿

训练者需脚跟并拢、脚尖形成 60°角,呈“V”字状;双臂自然下垂于体侧,中指贴裤缝;其余体位遵守标准站姿规范,如图 5-1-8 所示。

2. 体前交叉式站姿

训练者左脚向左横迈一小步,两脚距离略窄于肩宽,重心放在两腿之间;右手握空拳,左手拇指与四指分开握于右手腕处置于腹前;其余体位遵守标准站姿规范,如图 5-1-9 所示。

3. 体后交叉式站姿

训练者需左脚向左横迈一小步,两脚距离略窄于肩宽,重心放在两腿之间;右手握空拳,左手拇指与四指分开握于右手腕处,置于体后腰节线处;其余体位遵守标准站姿规范,如图 5-1-10 所示。

4. 男士单臂式站姿

训练者脚跟并拢,双脚呈“V”字状;左臂置于体后,右手完成引导或倒水等服务动作;其余体位遵守标准站姿规范,如图 5-1-11 所示。

(a) (b)

图 5-1-8　男士肃立式站姿

图 5-1-9　体前交叉式站姿

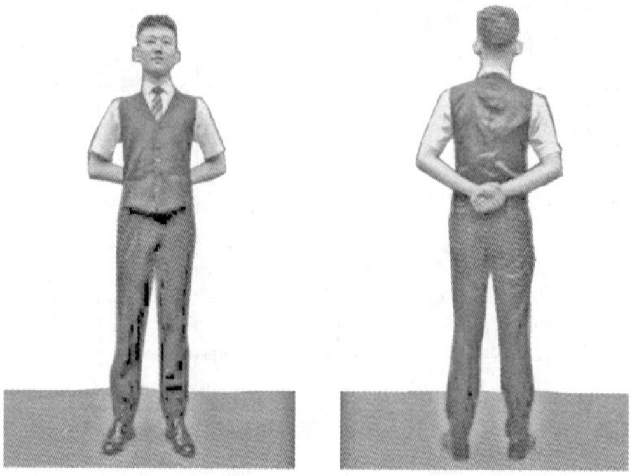

图 5-1-10　体后交叉式站姿

图 5-1-11　男士单臂式站姿

二、训练内容

(1)“五点定位”训练：背墙站立，将后脑、双肩、臀部、小腿、脚跟并拢紧靠墙壁，呼吸均匀、加强腰腹部与墙面对抗感受，坚持站立 20 min。

(2)顶书训练：待训练者按标准站姿准备好后，再将书本放置于头顶，保持平衡稳定，放置时颈部不能前伸。

(3)对镜训练：要求面对镜子站立，在规定时间内保持姿态稳定，身体不能出现各种细碎动作。

三、训练评价

1. 评价要求

(1)能够区分服务站姿的种类及使用场景。

(2)动作规范、准确、协调。

(3)个人训练时能够克服畏难情绪，感受挺拔站立的状态，注意肢体语言与表情的配合度。

(4)团队训练时能够整齐划一，发扬吃苦耐劳的工作作风，树立精益求精的工作态度。

2. 评价内容

评价内容见表 5-1-4。

表 5-1-4　男士服务站姿训练自评/互评工单

姓名：________　　地点：________　　时间：________

训练任务	考查要点	分值	个人评分(30%)	组内评分(30%)	教师评分(40%)	最终得分
男士服务站姿训练	动作完整	20				
	动作规范	20				
	表情到位	20				
	精神面貌饱满	20				
	小组完成协调统一	20				
合计		100				

项目二　高速铁路客运服务人员行姿训练

任务引入

行姿又称为走姿，是指一个人在行走时的身体姿态。它不仅展现了一个人的动态美，也是流动的姿态美。在高速铁路客运服务工作中，服务人员的行姿是最受旅客关注的身体语言之一。

请思考：

高速铁路客运服务人员行姿应具备何种气质？

任务一　行姿规范认知

行姿是一种动态美，它以站姿为基础，是站姿的延续动作。服务行姿（图 5-2-1）是高速铁路客运服务工作中应用最多的职业仪态，贯穿于出乘准备、接车准备、始发作业、途中作业和终到作业的各个环节，常用于列队出乘、备品定位、检查设施、瞭望汇报、宣传整备、专项服务、督促提醒、清理清洁、巡视车厢、重点服务、乘降组织、贯通检查、站车交接、列队集合、集体退乘等多个工作场景。

(a)　(b)

图 5-2-1　服务行姿

一、行姿基本要求

1. 方向明确

行走时，脚尖正对前方，形成一条直线，脚跟依次落在一条直线上。

2. 重心放准

起步时，身体向前微倾，重心落在前脚掌。行进过程中，身体重心随着脚步向前过渡，避免重心后移。

3. 身体协调

行走时，脚跟先着地，脚部落地时膝盖伸直，腰部为重心移动的轴线，双臂自然摆动。上身的稳定姿态与下肢的频繁、规律运动形成对比，动作平衡对称。

4. 摆动适当

手臂与身体的夹角为 10°～15°，双臂以身体为中心，前后自然摆，前摆约 35°，后摆约 15°。

5. 步幅适中

步幅是指行走过程中两脚前脚跟与后脚尖之间的距离。客运服务人员在行进之时，最佳步幅应为 1～1.5 个脚长。

6. 步速均匀

一般情况下，客运服务人员每分钟的步数在 60～100 步之间。行进时，步速应当保持稳定、均匀，避免忽快忽慢。

二、行姿常见问题

高速铁路客运服务人员走姿的常见问题主要在于躯干、双臂和双脚，其形成原因有主观与客观两个方面。客观上多因无意识形成的不良行走习惯；主观上，则源于对行姿仪态的不了解和不正确的服务心态。不良服务行姿特征及纠正方法见表 5-2-1。

表 5-2-1 不良服务行姿特征及纠正方法

部位	不良行姿	表现特征	纠正方法
躯干	身体后仰	头部抬起，腹部前挺、重心下移，眼睛斜向上方	行走时，保持挺胸收腹，下巴微向内收，双眼平视
	含胸弓背	上身前屈呈含胸状、背呈弓形，两眼向前看时常有缩脖状	行走时，保持头部与躯干呈一条直线，上身挺直
	上身摇摆	行走时，身体重心左右移动较大，肩膀摇晃，步幅较小，大臂摆动幅度小且与步行方向不一致	经常沿直线走，向前迈步的脚落到直线上；行走时，大臂的摆动方向与步行的方向一致
双臂	夹肩摆动	行走时，肩部紧张，大臂摆动幅度小、肩部摆动大，步幅小	行走时，肩部放松，双臂自然下垂，与身体夹角为 10°～15°，大臂随步行相应摆动
	横着摆动	小臂在身体前交互运动	双臂自然垂于身体两侧，前后摆动
双脚	“内八字”步或“外八字”步	大腿和脚掌不在同一平面上，步幅小、身体摇摆、步频较慢	走直线练习，保持膝盖和脚尖始终对着正前方
	叉开行走	行走时，双腿未并拢，双脚离中线远	用直线作参照进行纠正，尽量使脚的内侧贴近直线，行走速度均匀，不能走得过快
	落脚过重	行走时脚步声音大	注意控制脚步重量，可以用加快步伐频率的方法提速

续上表

部位	不良行姿	表现特征	纠正方法
其他	工作中消极走姿	行走时身体僵硬，步履缓慢沉重；行走时，低着头或眼皮行走；行走时，手插口袋、双臂相抱、倒背双手；走路不抬脚，脚步拖拉在地上，蹭着地走；行走时，身体过分摇摆，步幅忽大忽小；遇人抢道先行	调节工作情绪、增强服务意识、规范服务行为，培养自己良好的礼仪习惯

任务二　女士服务行姿训练

一、训练要领

女性服务行姿又称叶子步(图 5-2-2)，因其行走轨迹酷似柳叶而得名。女性整体步态以优美柔韧为特征，除具备服务行姿的基本要求之外，女士服务行姿还有其独有的特点如下：

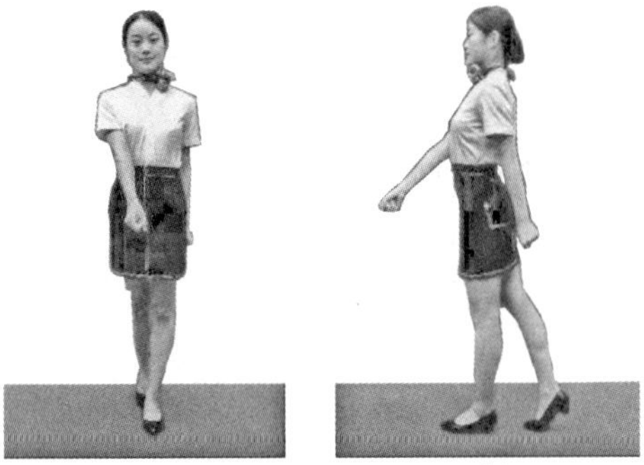

(a)　(b)

图 5-2-2　叶子步

1. 方向明确

上身保持标准站立姿势，头部与躯干从正面和侧面看都应呈直线，行进时，双脚应走在一条直线上，挺胸收腹，下颌微收，目光平视，表情自然，面带微笑。

2. 重心稳定

女士服务行姿不仅应重视行进时的前后重心稳定，同时要注意左右重心的平衡。在社交场合小幅度左右摆胯可以凸显女性的身段与神韵，在职业工作场合，则要减少左右摆胯动作，将重心始终保持在身体中线位置，以彰显女性简洁干练的职业素养。

3. 身体协调

手臂摆动幅度与步幅相协调，摆动幅度与步幅大小成正比，小臂朝小腹中心方向摆动，不要向身体两侧摆动。

4. 步速均匀

女性服务人员行走时脚步要轻盈，脚步富有弹性和韵律感。如遇特殊情况发生时可加快步速，尽量不要跑动，以免引起其他人员的慌乱，避免发生人员踩踏事件。

二、训练内容

1. 分解训练

(1)摆臂训练:保持基本站姿,两手呈半握拳状,由大臂带动小臂向斜前方摆动至小腹两拳处,前臂与身体夹角约为35°。

(2)展膝训练:保持基本站姿,左脚跟提踵,脚尖不离地面,左脚跟落下的同时右脚跟提踵,两脚交替进行,提踵的腿屈膝,另一腿膝部绷直,两膝靠拢,膝内侧摩擦运动。

(3)平衡训练:行走时脊背、颈部直立,上半身保持稳定,在头上放一本书,先用手将书扶稳,能够保持平衡后,将双手放在髋部,向前行进,此种练习熟练后,再放下手进行平衡摆臂练习。

(4)直线行进训练:行进时脚尖朝向行进方向,双脚依次踩在一条直线上。

2. 重心移动训练

保持基本站姿,双手叉腰,左脚向前擦地点地,与右脚相距一个脚长,右腿直腿蹬地,髋关节前移重心,呈右后点地,然后交换练习。

3. 步态训练

(1)左腿屈膝抬起向正前方迈出,经脚跟、脚心、前脚掌至全脚落地,同时右脚后跟向上抬起,身体重心前移至左腿。

(2)右腿屈膝,经与左腿膝盖内侧向上抬起,勾脚迈出,脚跟着地,落在左脚尖前方,两脚相隔一脚距离。

(3)迈左腿时,右臂前摆;迈右腿时,左臂前摆。

(4)将以上动作连贯反复练习。

三、训练评价

1. 评价要求

(1)能够熟练掌握辅助训练、重心移动训练和步态训练。

(2)动作规范、准确、协调。

(3)个人训练时能够克服畏难情绪,关注整体步态的视觉美感。

(4)团队训练时能够整齐划一,发扬吃苦耐劳的工作作风,树立精益求精的工作态度。

2. 评价内容

评价内容见表5-2-2、表5-2-3。

表5-2-2　女士服务行姿分解训练自评/互评工单

姓名:________　　地点:________　　时间:________

训练任务	考查要点	分值	个人评分(30%)	组内评分(30%)	教师评分(40%)	最终得分
女士服务行姿分解训练	摆臂协调、角度适中	20				
	双膝屈伸有弹性,有摩擦	20				
	头颈直立,书本不落	20				
	行进方向正确	20				
	重心移动准确	20				
合计		100				

表 5-2-3　女士服务行姿训练自评/互评工单

姓名：________　　地点：________　　时间：________

训练任务	考查要点	分值	个人评分（30%）	组内评分（30%）	教师评分（40%）	最终得分
女士服务行姿训练	身体协调	15				
	脚尖方向正确	15				
	重心移动迅速	15				
	步幅适中	15				
	步速均匀	15				
	步态优雅、端庄	25				
合计		100				

任务三　男士服务行姿训练

一、训练要领

男十服务行姿又称平行步（图 5-2-3），因其行走轨迹呈两条平行线而得名。其步态以矫健、稳重、刚毅为主，展现阳刚之美，除具备服务行姿的基本要求之外，男士服务行姿还具有如下特点：

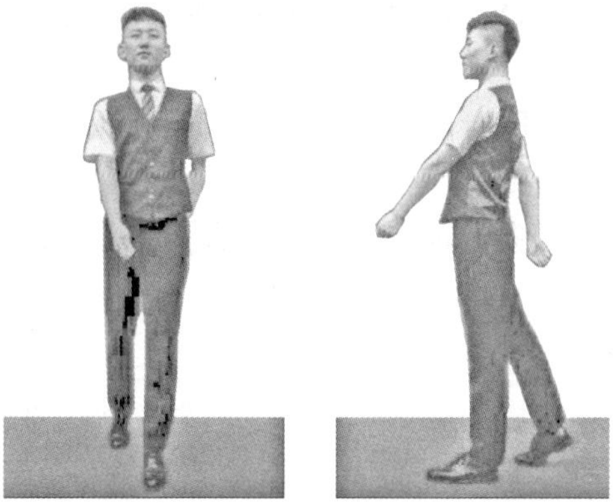

(a)　(b)

图 5-2-3　平行步

1. 方向明确

上身保持标准站立姿势，头部与躯干从正面和侧面看都呈直线，行进时两脚内侧线形成两条平行线，脚尖朝向行进方向，不要出现“外八字”的情况。

2. 重心稳定

男士的肩膀一般比较宽阔，行进过程中，要注意身体不要出现肩膀左右摇晃的情况，重心稳定地保持在两脚之间。

3. 身体协调

手臂摆动幅度与步幅相协调，摆动幅度与步幅大小成正比，小臂朝小腹中心方向摆动，不要出现过于松弛的甩手动作。

4. 步速均匀

行走时，脚步矫健稳重，富有弹性和韵律感。如遇特殊情况发生时可加快步速，尽量不要跑动，以免引起其他人员的慌乱，避免发生人员踩踏事件。

二、训练内容

1. 分解训练

(1)摆臂训练：保持基本站姿。在距离小腹两拳处确定一点，两手呈半握拳状，由大臂带动小臂向斜前方向此点摆动，前臂与身体角度约为 35°。

(2)展膝训练：保持基本站姿。左脚跟提踵，脚尖不离地面，左脚跟落下的同时右脚跟提踵，两脚交替进行，提踵的腿屈膝，另一条腿膝部向后用力绷直。

(3)平衡训练：行走时脊背、颈部直立，上半身保持稳定，在头上放置一本书，左右手将书扶稳，能够保持平衡后，再放下手进行平衡练习。

(4)直线行进训练：行进时脚尖与膝部方向相同，朝向行进方向，行进路线轨迹呈两条平行线。

2. 重心移动训练

保持基本站姿，两臂自然下垂体侧。左脚前点地时，右臂移至小腹前的指定位置，左臂向后斜摆，右脚蹬地，重心前移成右后点地时，手臂位置不变，然后变换方向练习。

3. 步态训练

(1)左腿屈膝，向上抬起，提腿向正前方迈出，经脚跟、脚心、前脚掌至全脚落地，同时右脚跟向上抬起，身体重心前移至左腿。

(2)右腿屈膝，脚跟着地，脚尖朝向前行方向，两脚相隔适当的距离。

(3)迈左腿时，右臂前摆；迈右腿时，左臂前摆。

(4)将动作(1)～(3)连贯反复练习。

三、训练评价

1. 评价要求

行姿训练中，辅助训练与重心移动训练属于分解训练，难度适中；步态训练属于综合训练，难度较高。综合训练不仅要关注动作的标准性，更要着重整体步态的视觉美感。

(1)能够熟练掌握辅助训练、重心移动训练和步态训练。

(2)动作规范、准确、协调。

(3)个人训练时能够克服畏难情绪，关注整体步态的视觉美感。

(4)团队训练时能够整齐划一，发扬吃苦耐劳的工作作风，树立精益求精的工作态度。

2. 评价内容

评价内容见表 5-2-4、表 5-2-5。

表 5-2-4　男士服务行姿分解训练自评/互评工单

姓名：________　地点：________　时间：________

训练任务	考查要点	分值	个人评分（30%）	组内评分（30%）	教师评分（40%）	最终得分
男士服务行姿分解训练	摆臂协调、角度适中	20				
	双膝屈伸有弹性，无摩擦	20				
	头颈直立，书本不落	20				
	行进方向正确	20				
	重心移动准确	20				
合计		100				

表 5-2-5　男士服务行姿训练自评/互评工单

姓名：________　地点：________　时间：________

训练任务	考查要点	分值	个人评分（30%）	组内评分（30%）	教师评分（40%）	最终得分
男士服务行姿训练	身体协调	15				
	脚尖方向正确	15				
	重心移动迅速	15				
	步幅适中	15				
	步速均匀	15				
	步态挺拔、稳重	25				
合计		100				

任务四　变换方向时的服务行姿训练

一、训练要领

变换方向时的服务行姿，也称为变向时的服务行姿，是指在行进过程中需要转身或改变方向时采用的合理方法，要求动作规范、落落大方。变向时的行姿主要包括后退步、侧行步和转身步三种。

1. 后退步

后退步（图 5-2-4）指在后退的时候采用的行姿。与旅客告别时，应先面向对方后退两三步，再转身离去，以示尊重。退步时脚底轻擦地面，不可高抬小腿，步幅要小，转身时要先转身体再转头部。

2. 侧行步

侧行步（图 5-2-5）指在侧身行进时采用的行姿，适用于以下情况：

（1）当走在前面引导旅客时，走在旅客的左前方，髋部朝向前行方向，上身稍向右转，左肩稍前，右肩稍后，身体半转向旅客，保持两三步的距离，上身要求同单臂式站姿。

（2）当走在狭窄的路面或楼道中与旅客相遇时，应两肩一前一后，头和上身转向旅客，让其先行。避免斜视或背对旅客。

图 5-2-4　后退步

图 5-2-5　侧行步

(3)与同行者侧行交谈时，上身应转向交谈对象，距对方较远一侧的肩部朝前，身体与对方的身体应保持一定的距离，如图 5-2-6 所示。

图 5-2-6　侧行交谈

(4)当旅客从对面走来时，应放慢脚步，两肩一前一后，目视旅客，面带微笑并点头致意，伴随"您好"等礼貌用语。

3. 转身步

转身步指前行或后退转身时采用的行姿，分为前行转身步与后退转身步两种。

(1)前行转身步：前行右转是以左脚为轴心向右转体 90°，同时迈出右脚；前行左转是以右脚为轴心向左转体 90°，同时迈出左脚。

(2)后退转身步：后退右转是以左脚为轴心向右转体 90°，同时向右迈出右脚；后退左转是以右脚为轴心向左转体 90°，同时向左迈出左脚。

二、训练内容

1. 单项训练：将后退步、侧行步、转身步分别在不同客运工作情景中发挥运用。
2. 整合训练：根据预先设定的客运工作情景，将后退步、侧行步和转身步灵活运用。

三、训练评价

1. 评价要求

(1)动作规范、准确、协调。

(2)要求动作流畅、能够与正常行进行姿变换自如，协调统一。

(3)个人训练时能够克服畏难情绪,关注整体步态的视觉美感。

(4)团队训练时能够整齐划一,发扬吃苦耐劳的工作作风,树立精益求精的工作态度。

2. 评价内容

评价内容见表 5-2-6。

表 5-2-6　变换方向时的服务行姿训练自评/互评工单

姓名:________　　地点:________　　时间:________

训练任务	考查要点	分值	个人评分(30%)	组内评分(30%)	教师评分(40%)	最终得分
后退步	步幅适中	10				
	双肩平正	15				
	先转头再转身	10				
侧行步	身体方位正确	20				
	距离适中	10				
	目光准确	5				
	步速适中	10				
转身步	转身角度与脚步正确	20				
合计		100				

项目三　高速铁路客运服务人员坐姿训练

任务引入

坐姿是人坐下时将臀部置于椅子、凳子、沙发等物体上,双脚放在地上的一种静态姿势。它是一种可以维持较长时间的工作姿势,规范的坐姿能向旅客传递自信练达、积极热情、尊重他人的信息,展现良好的职业风范。

请思考:

高速铁路服务人员的规范坐姿有几种类型?

任务一　坐姿规范认知

服务坐姿主要应用于车站的客运服务岗位,如票证核验、旅客服务中心和列车服务工作间休环节。虽然服务坐姿使用的频率不及行姿和站姿,但良好的坐姿能给旅客留下得体、大方的印象,从而获得旅客对企业服务的好评和良好的口碑。

一、坐姿基本要求

规范的服务坐姿要体现端庄、文雅、得体、大方的职业风采,基本要求如下:

1. 入座离座要轻稳

遵循“以右为尊”原则,入座与离座都应从椅子的左侧进行,动作轻缓。入座时侧身走近座椅，背对椅面站立，一脚后撤确认座椅位置后落座，同时整理衣物；离座时，一脚后撤小半步，起身站立。挪动椅子时要双手搬起，避免发出刺耳的声响，如果不小心发出较大的声响，要对对方致歉。

2. 头颈上身要挺直

入座后，头颈端正，双肩平正，上身自然挺拔；精神饱满。表情自然亲切，目光柔和平视前方或注视交谈对象；入座后重心垂直或稍向前倾，不靠椅背，腰背挺直，臀部坐于椅面的1/2或2/3处。

3. 手位脚位要恰当

落座后，双臂自然弯曲，双手轻放于大腿上，如果座位前有桌子可将双手放在桌子边沿处，双手或相握，或叠放，以自然大方为宜；双膝自然并拢，男士双膝分开保持一拳距离；双腿正方或侧方均可；双脚并拢、交叠或平落于地面均可。

4. 身体朝向要正确

客运服务人员坐着面对服务旅客时，上身朝向服务对象，目光正视，以示尊重。

无论何种坐姿，都须保证腰背挺直，女性双膝并拢。男士如需架腿，应后于他人交叠双腿，女子一般不架腿。

二、坐姿常见问题

坐姿是人们休息的一种形式。作为一名高速铁路客运服务人员，即使是坐着服务于旅客，也应是在工作状态中，避免出现慵懒、随意的不雅姿态，不良服务坐姿表现特征及纠正方法见表5-3-1。

表5-3-1　不良服务坐姿表现特征及纠正方法

部位	不良坐姿	表现特征	纠正方法
上身	上身趴伏	上身趴伏在工作桌、椅上，会留下身体不适或萎靡不振的印象	上身端正舒展，重心垂直向下或稍向前倾，腰背挺直，臀部至少坐满椅面的2/3
	仰靠椅背	上身歪斜，依靠在椅背上，会留下慵懒无力的印象	
	弓腰驼背	腰背弯曲，无精打采	
腿部	跷二郎腿	面对服务对象时，不能跷二郎腿，更不能摇动，这样会留下傲慢和随意的印象	女士双膝自然并拢；男士双膝略窄于肩宽，双腿双脚正放
	双腿叉开过大	不管是男性还是女性，大腿或小腿叉开过大，都显得非常不雅。一般男性双腿叉开不超过肩宽，女性要求双腿并拢，身着裙装的女性尤其要注意这点	
	双腿直伸出去	这种坐姿会使身体陷入椅子里，造成不雅的形象；伸出去的脚容易绊倒别人，造成不必要纠纷	
	将腿放在桌椅上	把腿架在高处，放在面前的桌子或椅子上，这种行为是非常粗鲁的。同时，也不能够把腿盘放在座椅上	
	抖腿	有两种情况可能发生抖腿，一种是内心恐慌而产生的不自主地抖腿，一种是习惯性抖腿。不管是哪种情况，反反复复地抖动或摇晃自己的腿部，再加上腿部晃动时发出的某种声音，会让对方心情烦躁	

续上表

部位	不良坐姿	表现特征	纠正方法
脚部	脚尖指向他人	采用任何一种坐姿，都不能用脚尖指向别人，这是一种非常失礼的脚部姿势	脚尖下压
	脚蹬踏他物	入座后，脚部应按照坐姿要求平放在地上或前脚掌着地，不能随意地将脚踩踏在其他物体上，否则会显得没有修养	双腿双脚正放
手部	双手乱放	入座后，双手要放在大腿上，也可放在面前的桌上；但不可将双手夹在两腿间或垫在臀部下，也不能将双肘支在桌子上	双手既可合握于两腿之间，也可自然放在腿面上
	双手抱腿	双手抱腿是一种惬意、放松的休息姿势，不适用于工作场合	
	手触摸脚部	入座后不要再用手抚摸小腿或脚部，既不卫生又不雅观	
	手托下巴	服务场合中用手托下巴的坐姿，让人会产生漫不经心、心不在焉的感觉	

除以上的不良坐姿，使用转椅时，也需注意避免不文明行为，如频繁转椅子、懒散拖动椅子等。高速铁路客运服务人员应尽量克服这些不良习惯。

任务二　女士服务坐姿训练

一、训练要领

女性客运服务人员的坐姿要表现出娴静、文雅和柔美，呈现典雅的曲线美感。根据场合及视觉美感，女性客运服务人员服务坐姿分为端坐式、前伸后屈式、双脚内收式、双脚交叉式、双腿斜放式、双腿叠放式六种。

1. 端坐式坐姿

端坐式(图 5-3-1)也称正襟危坐式，是最严谨的服务坐姿，适用于较为正规的服务场合。其动作规范是：整个身体呈"两个直角一垂直"，即上身自然挺直与大腿呈直角、大腿与小腿呈直角，小腿垂直于地面。双膝、双腿和双脚完全并拢，双脚足底完全着地。双手虎口相交叠，掌心朝下自然放于大腿中间位置，右手握住左手手指部分。

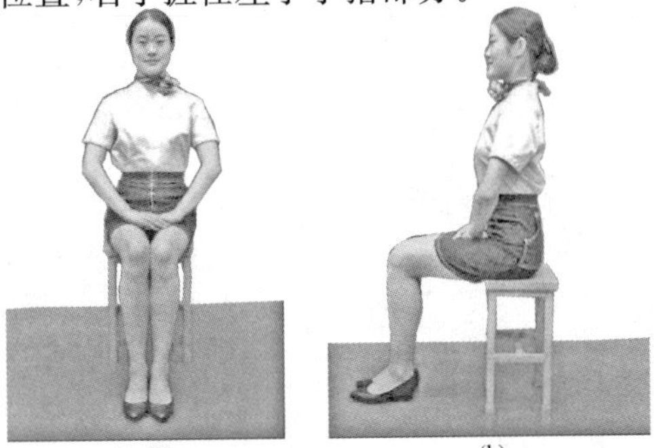

(a)　(b)

图 5-3-1　端坐式坐姿

2. 前伸后屈式坐姿

女性客运服务人员需上身自然挺直与大腿呈直角，双膝、双腿并拢。一腿垂直于地面，另一腿向后屈回，将后脚脚尖与前脚脚跟前后保持在一条直线上，前脚全脚着地，后脚脚掌着地。双手虎口相交叠，掌心朝下自然放于大腿中间位置，右手握住左手手指部分，如图 5-3-2 所示。

3. 双脚内收式坐姿

女性客运服务人员需上身自然挺直与大腿呈直角，双膝、双腿并拢，两小腿并拢向后屈回。双脚前脚掌着地，脚跟抬起。身体可向一侧稍许倾斜，但头颈要端正，目视前方。双手虎口相交叠，掌心朝下自然放于大腿中间位置，右手握住左手手指部分，如图 5-3-3 所示。

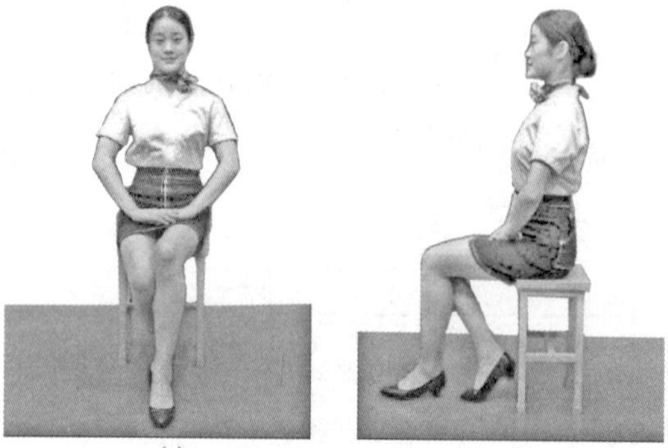
(a) (b)

图 5-3-2 前伸后屈式坐姿

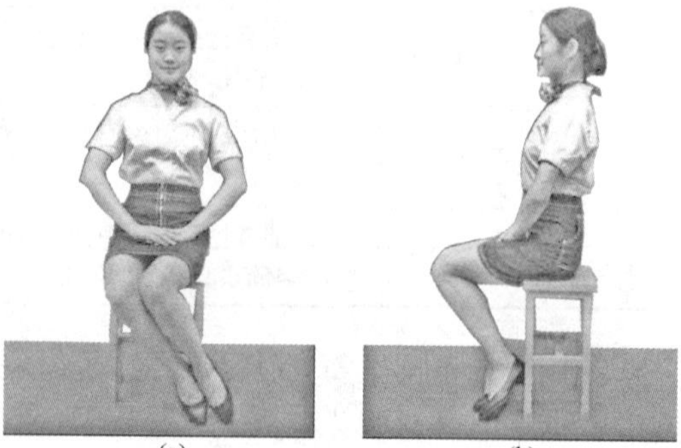
(a) (b)

图 5-3-3 双脚内收式坐姿

4. 双脚交叉式坐姿

女性客运服务人员须上身自然挺直与大腿呈直角，双膝、双腿并拢。一脚后撤，绕另一脚跟使双脚交叉。后撤的脚跟抬起，大腿与小腿约形成 90°角。双手虎口相交叠，掌心朝下自然放于大腿中间位置，右手握住左手手指部分，如图 5-3-4 所示。

5. 双腿斜放式坐姿

女性客运服务人员须上身自然挺直与大腿呈直角，大腿与小腿形成 90°角，两小腿向右侧伸出，且与地面形成 45°角。双膝双腿、双脚并拢，脚跟提起，脚背与小腿保持在同一平面。双手虎口相交叠，掌心朝下自然放于大腿中间位置，右手握住左手手指部分，如图 5-3-5 所示。

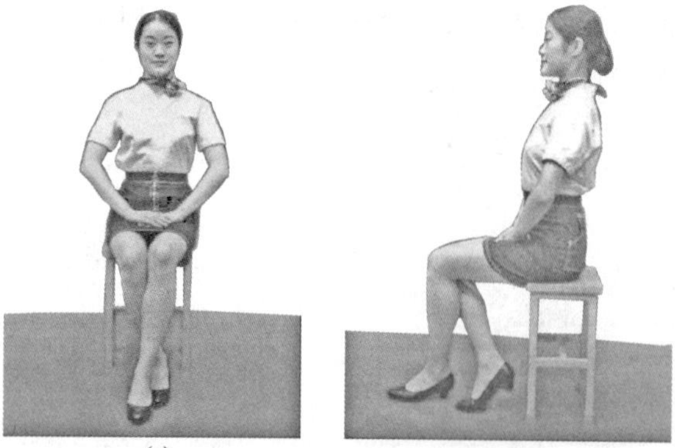
(a) (b)

图 5-3-4 双脚交叉式坐姿

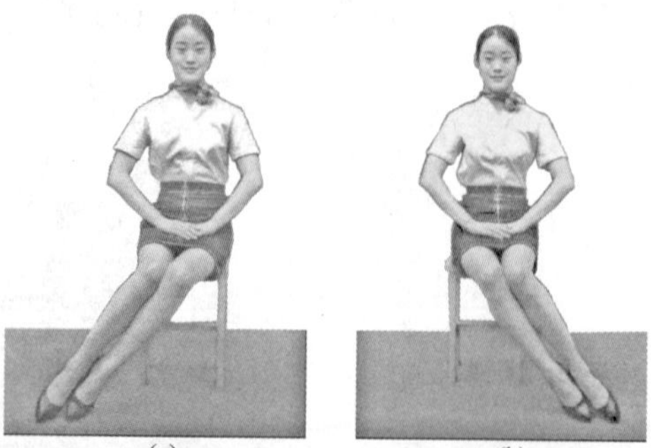
(a) (b)

图 5-3-5 双腿斜放式坐姿

6. 双腿叠放式坐姿

女性客运服务人员须上身自然挺直与大腿呈直角，腿膝并拢，大腿与小腿形成 90°角，右脚向右平移一步，右脚掌内侧着地，脚跟提起；左腿在上，与右腿交叠，两腿无缝隙。左脚尖下绷垂向地面；双小腿靠拢斜放，斜放后腿部与地面形成 45°角。右手握左手手指部分，掌面朝下，相叠放于左大腿上。双脚左叠放式反之，如图 5-3-6 所示。

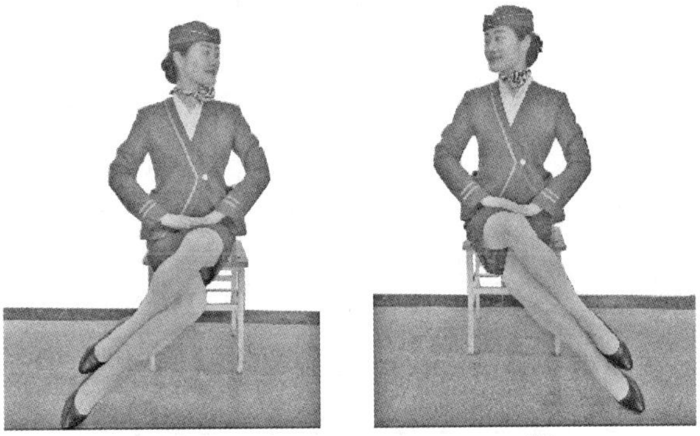

(a) (b)

图 5-3-6 双腿叠放式坐姿

二、训练内容

在服务坐姿训练内容中，各种坐姿的动作分解训练属于初级训练，要求练习者逐步实施，难度适中；动作转换训练要求练习者能够迅速、准确地将各种坐姿轮流展示出来，要求动作准确，体态优雅，难度较高。

(1)入座离座训练：进行入座方向、着装整理、起身离座等训练。

(2)坐姿专项训练：进行端坐式、前伸后屈式、双脚内收式、双脚交叉式、双腿斜放式、双腿叠放式等坐姿动作准确、手位、脚位摆放位置训练。

(3)分解动作训练：将女士坐姿进行口令式分解训练，保证每个动作的准确、到位，多次练习强化记忆。

(4)动作转换训练：男、女各种坐姿进行转换练习，要求动作完整、准确、流畅。

三、训练评价

1. 评价要求

(1)动作规范、准确、协调。

(2)能够在相应的客运工作情景中选择恰当的服务坐姿。

(3)个人训练时能够克服畏难情绪，关注整体坐姿的视觉美感。

(4)团队训练时能够整齐划一，塑造吃苦耐劳的工作作风，树立精益求精的工作态度。

2. 评价内容

评价内容见表 5-3-2、表 5-3-3。

表 5-3-2　女士入座离座训练自评/互评工单

姓名：______________　　地点：______________　　时间：______________

训练任务	考查要点	分值	个人评分（30%）	组内评分（30%）	教师评分（40%）	最终得分
入座训练	左侧入座	10				
	右腿后撤	20				
	上身正直	20				
	面向对方	10				
整理着装	扶裙整理	20				
离座训练	上身正直	10				
	支撑离座	10				
合计		100				

表 5-3-3　女士服务坐姿训练自评/互评工单

姓名：______________　　地点：______________　　时间：______________

训练任务	考查要点	分值	个人评分（30%）	组内评分（30%）	教师评分（40%）	最终得分
女士服务坐姿训练	端坐式坐姿动作规范	10				
	前伸后屈式坐姿动作规范	10				
	双脚内收式坐姿动作规范	10				
	双脚交叉式坐姿动作规范	10				
	双腿斜放式坐姿动作规范	10				
	双腿叠放式坐姿动作规范	10				
	精神饱满	20				
	协调统一	20				
合计		100				

任务三　男士服务坐姿训练

一、训练要领

高速铁路客运服务人员男士坐姿要表现出男性的挺拔、俊朗之态，给人一种端庄威严美感。男士服务坐姿主要有以下四种：

1. 端坐式坐姿

男士端坐式坐姿训练要领同任务二中女士端坐式坐姿，其规范姿势如图 5-3-7 所示。

2. 垂腿开膝式坐姿

垂腿开膝式坐姿（图 5-3-8）是男性服务人员最常用的一种舒适的、自然坐姿。该坐姿适用于各种服务场合。其动作要求是先将整个身体呈“两个直角一垂直”，即上身自然挺直与大腿呈直角、大腿与小腿呈直角，小腿与地面垂直。双膝、双脚分开，分开幅度略窄于肩宽，双脚足底完全着地。双手五指并拢自然放于大腿上靠近膝盖的位置。

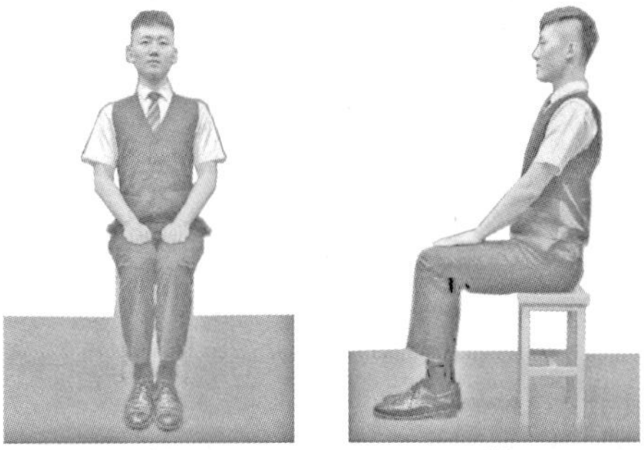
(a)　(b)

图 5-3-7　端坐式坐姿

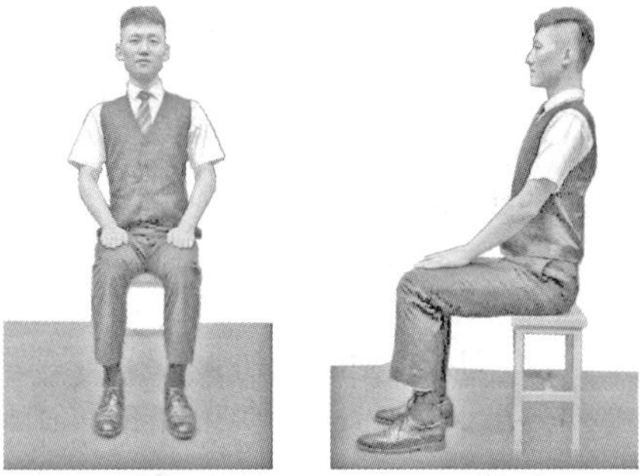
(a)　(b)

图 5-3-8　垂腿开膝式坐姿

3. 前伸后屈式坐姿

男士前伸后屈式坐姿也称曲直式坐姿，是男性服务人员常用的一种坐姿，其动作要求是上身自然挺直与大腿呈直角，双膝间距略窄于肩宽。一腿垂直于地面，另一腿向后屈回，将后脚脚尖与前脚脚跟左右保持在一条直线上，前脚全脚着地，后脚脚掌着地。双手五指并拢自然放于大腿上靠近膝盖的位置，如图 5-3-9 所示。

4. 双腿重叠式坐姿

双腿重叠式坐姿是男性服务人员的一种坐姿，该坐姿不同于“二郎腿”。其动作要求上身自然挺直与大腿呈直角，左小腿垂直于地面，右膝重叠于左膝之上，右小腿向内收，脚尖下压，双手虎口相交叠，掌心朝下，置于右腿靠近膝盖位置，如图 5-3-10 所示。

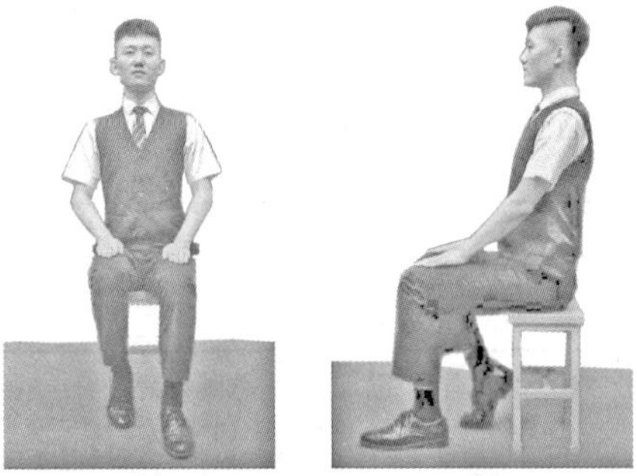
(a)　(b)

图 5-3-9　前伸后屈式坐姿

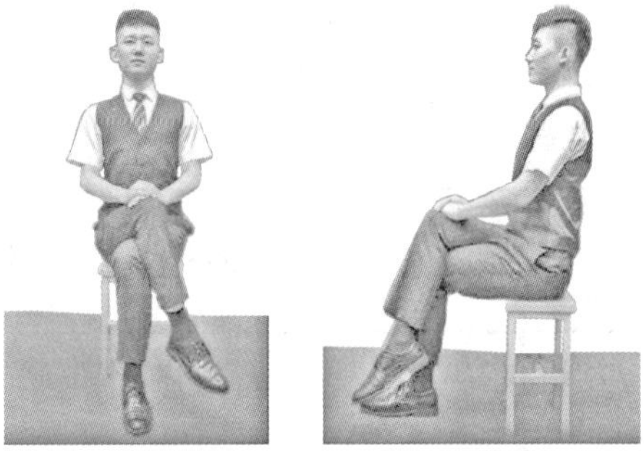
(a)　(b)

图 5-3-10　双腿重叠式坐姿

二、训练内容

在服务坐姿训练内容中，各种坐姿的动作分解训练属于初级训练，要求练习者逐步实施，难度适中；动作转换训练要求练习者能够迅速、准确地将各种坐姿轮流展示出来，要求动作准确，体态优雅。

（1）入座离座训练：进行入座方向、着装整理、起身离座等训练。

（2）坐姿专项训练：要求端坐式、垂腿开膝式、前伸后屈式、双腿重叠式等坐姿动作准确，手位、脚位摆放正确。

(3)分解动作训练：将男士坐姿进行口令式分解训练，保证每个动作的准确、到位，多次练习强化记忆。

(4)动作转换训练：男士各种坐姿进行转换练习，要求动作完整、准确、流畅。

三、训练评价

1. 评价要求

(1)动作规范、准确、协调。

(2)能够在相应的客运工作情景中选择恰当的服务坐姿。

(3)个人训练时能够克服畏难情绪，关注整体坐姿的视觉美感。

(4)团队训练时能够整齐划一，发扬吃苦耐劳的工作作风，树立精益求精的工作态度。

2. 评价内容

评价内容见表 5-3-4、表 5-3-5。

表 5-3-4　男士入座离座训练自评/互评工单

姓名：________　　地点：________　　时间：________

训练任务	考查要点	分值	个人评分（30%）	组内评分（30%）	教师评分（40%）	最终得分
入座训练	左侧入座	10				
	右腿后撤	20				
	上身正直	20				
	面向对方	10				
整理着装	衣服平整	20				
离座训练	上身正直	10				
	支撑离座	10				
合计		100				

表 5-3-5　男士服务坐姿训练自评/互评工单

姓名：________　　地点：________　　时间：________

训练任务	考查要点	分值	个人评分（30%）	组内评分（30%）	教师评分（40%）	最终得分
男士服务坐姿训练	端坐式坐姿动作规范	20				
	垂腿开膝式坐姿动作规范	20				
	前伸后屈式坐姿动作规范	20				
	双腿叠放式坐姿动作规范	20				
	精神面貌饱满	10				
	小组完成协调统一	10				
合计		100				

项目四　高速铁路客运服务人员蹲姿训练

任务引入

蹲姿是由站立姿势转变成双腿弯曲、降低身体高度的姿态，是动态与静态相结合的一种身体造型。蹲姿通常是在比较特殊的情况下采用的暂时性体态。

请思考：

为什么高速铁路客运服务人员与重点旅客交流时多采用下蹲姿态？

任务一　蹲姿规范认知

蹲姿服务是高速铁路客运服务工作流程中常用职业仪态之一，贯穿于出乘准备、接车准备、始发作业、途中作业和终到作业的各个环节，常用于备品定位、检查设施、宣传整备、专项服务、重点服务、重点关注、卫生整理、备品清点等工作场景。他们在整理工作环境、为旅客提供帮助、捡拾地面物品等工作中，使用规范蹲姿，不仅体现大方得体的职业素养，更能体现对旅客的尊重和关心。

一、蹲姿基本要求

(1)神情自然：表情自然大方，不遮遮掩掩。

(2)上身挺拔：上身挺拔，脊背保持正直。

(3)顺势下蹲：屈膝下蹲，蹲姿自然。

(4)重心稳定：双腿合力支撑身体，重心稳定。

(5)起身平稳：起身时臀、腿和脚合力平稳起身，上身保持正直。

二、蹲姿常见问题

(1)捡拾物品时，两腿叉开，弯腰不屈膝下蹲，同时低头弓背、臀部向后撅起。此种姿势不仅不礼貌，而且显得懒散、不积极。

(2)蹲下后，两腿弯曲同样高度、膝盖朝上、臀部下垂的姿势被称为“卫生间姿势”，在公共场合是最不雅的动作。

(3)下蹲时，腰部没有控制力，上衣自然上提，露出腰部皮肤或内衣，会使旅客感到尴尬。

(4)在行进中，没有目光示意，突然下蹲，会令后面跟着的人措手不及，造成不必要的麻烦和不愉快。

(5)下蹲时，双腿正面或背面对着旅客下蹲是没有职业素养的表现，正确的做法是采取侧向对方的角度。

(6)服务人员长时间蹲在地上是不雅观的，尤其是蹲在地上休息更是不可取的。

(7)蹲姿转为站姿时，用幅度明显的手撑着大腿站起的方式，给人留下疲惫拖沓的印象。服务人员应该力求轻松自然起身，即便借力也应该从容且隐蔽地撑腿用力。

在高速铁路客运服务中,服务人员的蹲姿不要刻意讲究哪条腿在前哪条腿在后,关键在于下蹲的速度、方向和姿势是否符合工作需求,从而展现舒展大方、从容不迫的姿态,因此服务人员需要平时加强练习。

任务二　裤装蹲姿训练

一、训练要领

1. 高低式蹲姿

高低式蹲姿指双膝一高一低,是高速铁路客运服务人员工作中最为常用蹲姿。男女的动作要领基本相同,以右侧捡拾物品为例,男士要求从站立姿势开始,右脚向后退一小步,左脚在前顺势下蹲,左脚全脚着地,小腿基本垂直于地面,右腿脚跟提起,前脚掌着地;双膝距离一拳左右,一膝高一膝低,臀部向下,主要用右腿支撑身体。女士要求从站立姿势开始,右脚向后退一小步,两腿靠近顺势下蹲,左膝高,右膝低,臀部向下,双腿合力支撑身体,如图 5-4-1 所示。

(a)　　(b)

图 5-4-1　高低式蹲姿

2. 半蹲式蹲姿

半蹲式蹲姿一般是在行进中为了临时降低自身高度时采用,其基本特征是身体半立半蹲。其要求是:在下蹲时,上身稍许弯下,不宜与下肢呈直角或锐角;臀部向下,不能撅起;双膝略为弯曲,其角度可根据需要自行调节,一般为钝角;身体的重心放在一条腿上,两腿之间不要分开过大,如图 5-4-2 所示。

图 5-4-2　半蹲式蹲姿

二、训练内容

蹲姿训练中,各种蹲姿的动作分解训练属于初级训练,要求练习者逐步实施,容易掌握。

(1)分解训练:“蹲—起”动作衔接训练要求练习者能够迅速、稳定地完成各种蹲姿。不同服务情景能够正确选择并运用不同的蹲姿,在服务过程中表现得体的仪态,是对蹲姿训练提出的更高要求。

(2)平衡训练:稳定性是练习蹲姿的重要内容,是否能够平稳下蹲与起身是衡量蹲姿动作是否标准的重要指标。

(3)力量练习:腿部力量是下蹲起身时保持稳定的重要因素之一。要求下蹲时腿部持续发力,不要将重心完全放在脚踝之上。

(4)综合训练:该项训练主要考察下蹲时的腿部动作、捡拾物品方位和起身时上身的挺拔程度。

三、训练评价

1. 评价要求

(1)动作规范、准确、协调。

(2)能够在相应的客运工作情景中选择恰当的服务蹲姿。

(3)个人训练时能够克服畏难情绪,关注整体体态的视觉美感。

(4)团队训练时能够整齐划一,发扬吃苦耐劳的工作作风,树立精益求精的工作态度。

2. 评价内容

评价内容见表 5-4-1。

表 5-4-1　裤装蹲姿训练自评/互评工单

姓名:________　地点:________　时间:________

训练任务	考查要点	分值	个人评分(30%)	组内评分(30%)	教师评分(40%)	最终得分
裤装蹲姿训练	动作规范	20				
	身体挺拔	20				
	重心稳定	20				
	平稳蹲起	20				
	精神面貌饱满	10				
	小组完成协调统一	10				
合计		100				

任务三　裙装蹲姿训练

一、训练要领

1. 交叉式蹲姿

交叉式的特征是下蹲后双腿交叉在一起,造型优美典雅,适合穿裙装的女性服务人员。以捡拾右侧物品为例:站立姿势右脚向后退一小步,左脚在前;下蹲时左小腿垂直于地面,全脚着地,右膝由左膝后下方伸向左侧,左腿在上,右腿在下,二者交叉重叠;右脚跟抬起,前脚掌着地;两脚前后靠近,合力支撑身体;上身略向前倾,臀部朝下,如图 5-4-3 所示。

2. 半跪式蹲姿

半跪式蹲姿又叫单跪式蹲姿。它是一种非正式蹲姿,女性服务员穿裙装时多采用,适用于下蹲时间较长或为了用力方便的场合。其特征是双腿一蹲一跪,具体要求是:下蹲后,改为一腿单膝着地，臀部坐在脚跟上，脚尖着地；另一条腿全脚着地，小腿垂直于地面；双膝同时向外，双腿并拢，如图 5-4-4 所示。

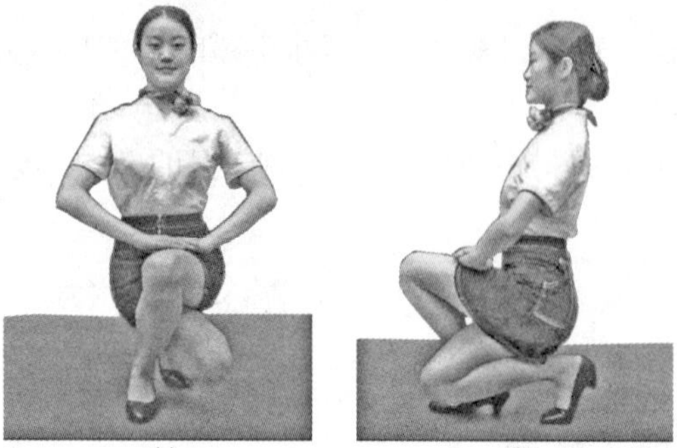

(a) (b)

图 5-4-3　交叉式蹲姿

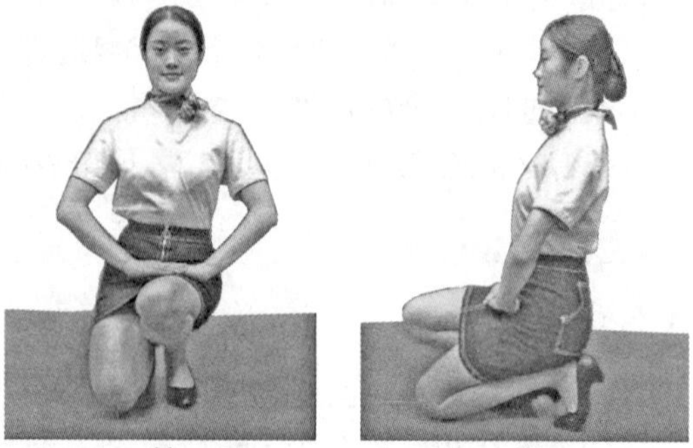

(a) (b)

图 5-4-4　半跪式蹲姿

二、训练内容

蹲姿在高速铁路客运服务工作中是一种常用姿态，也是一种容易出错的姿势。该训练的主要目的是强化腿部的力量与支撑能力，实现腿部与腰腹部的协调统一，从而使服务人员能够在长时间的蹲姿工作状态下保持身体稳定。

(1)分解训练："蹲—起"动作衔接训练要求练习者能够迅速、稳定地完成各种蹲姿，尤其是交叉式蹲姿对练习者的平衡能力有一定要求，难度适中。在不同服务情景中能够正确选择并运用不同的蹲姿，在服务过程中表现得体的仪态，是对蹲姿训练提出的更高要求。

(2)平衡训练：稳定性是练习蹲姿的重要内容，是否能够平稳下蹲与起身是衡量蹲姿动作是否标准的重要指标。

(3)力量练习：腿部力量是下蹲起身时能够稳定的重要因素之一。要求下蹲时腿部持续发力，不要将重心完全放在脚踝之上。

(4)综合训练：该项训练主要考察下蹲时的腿部动作、捡拾物品方位和起身时上身的挺拔程度。

三、训练评价

1. 评价要求

(1)动作规范、准确、协调。

(2)能够在相应的客运工作情景中选择恰当的服务蹲姿。

(3)个人训练时能够克服畏难情绪，关注整体体态的视觉美感。

(4)团队训练时能够整齐划一，发扬吃苦耐劳的工作作风，树立精益求精的工作态度。

2. 评价内容

评价内容见表 5-4-2。

表 5-4-2　裙装蹲姿训练自评/互评工单

姓名：________________　　地点：________________　　时间：________________

训练任务	考查要点	分值	个人评分（30%）	组内评分（30%）	教师评分（40%）	最终得分
裙装蹲姿训练	动作规范	20				
	身体挺拔	20				
	重心稳定	20				
	平稳蹲起	20				
	精神面貌饱满	10				
	小组完成协调统一	10				
合计		100				

项目五　高速铁路客运服务人员手势训练

任务引入

手势也称手姿，是指在服务过程中因使用手臂而出现的各种动作和体态。作为与旅客交流的“第二表现方法”，正确适当地运用服务手势，可以提高工作效率，增强与旅客的感情沟通。服务手势的使用，不仅可以弥补有声语言的不足，而且可以在特定的工作环境中起到“此时无声胜有声”的作用。因此，在高速铁路客运服务过程中，服务手势是使用频率较高的体态语言之一。服务手势主要分为指示服务手势与演示服务手势两种。

请思考：

在何种情况下恰当地运用服务手势可以达到更优质的服务效果？

任务一　指示服务手势训练

指示服务手势贯穿于客运服务的整体工作流程之中，在出乘准备、接车准备、始发作业、途中作业和终到作业的各个环节中均有使用，常用于请领设备、站台接车、备品定位、检查设施、立岗迎客、宣传整备、送水服务、到站提醒、查看停站上下客流情况、提醒帮扶、立岗送客等工作场景。

指示服务手势的训练重点是能够准确恰当地运用手势进行工作辅助，这不仅要求手势使用准确到位，还需要情态、语言等相关环节进行配合，从而建立符合高速铁路客运服务人员职业气质的服务手势规范。

一、训练要领

1. 斜臂式手势

斜臂式手势（图 5-5-1）主要用于请旅客就座或请旅客下楼，动作要领首先是身体保持基本站姿；其次将右侧手臂抬起，与身体形成 45°角斜向下方，左手自然下垂或置于腹前；最后右手手背与地面形成 45°角，目光朝向右手指尖所指的方向。

2. 屈臂式手势

屈臂式手势主要用于服务人员请旅客“请往里面走”的指引方向或用于向旅客做礼貌性介绍,动作要领首先是身体保持基本站姿;其次将右臂抬起,上臂与身体形成 15°角,小臂与地面平行,左手自然下垂或置于腹前;最后右手手背与地面形成 45°角,目光朝向右手指尖所指方向,如图 5-5-2 所示。

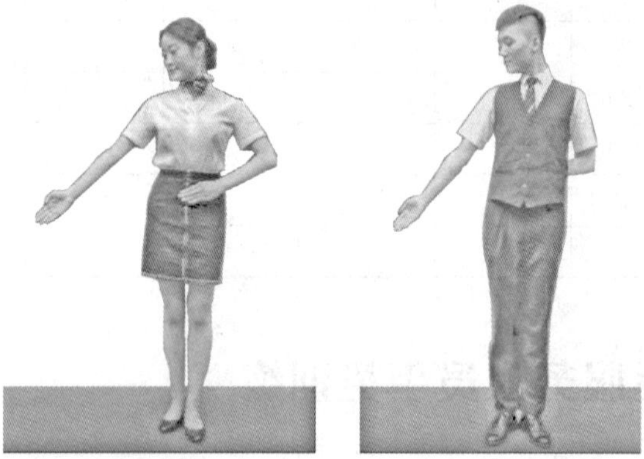

(a) (b)

图 5-5-1　斜臂式手势

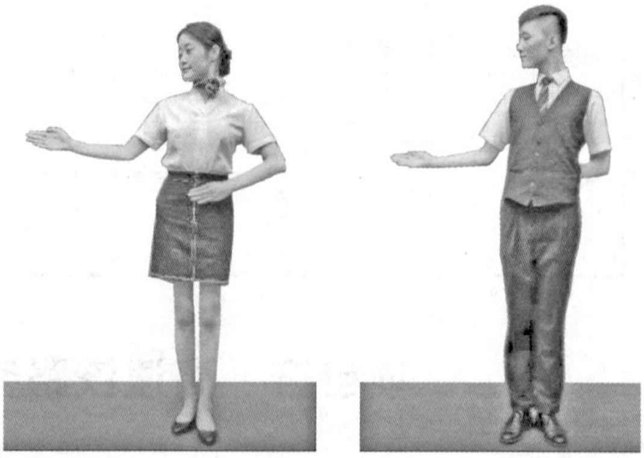

(a) (b)

图 5-5-2　屈臂式手势

3. 高位式手势

高位式手势主要用于引导旅客上楼、上电梯,或向旅客示意高位物品,动作要领首先是身体保持基本站姿;其次右臂抬起,大臂与小臂形成 120°角,手腕与肩在同一高度,左手自然下垂或置于腹前;最后右手手背与地面形成 45°角,目光朝向右手指尖所指方向,如图 5-5-3 所示。

(a) (b)

图 5-5-3　高位式手势

二、训练内容

(1)单项训练:将斜臂式、屈臂式和高位式服务手势进行单项训练,将注意要点放在手臂与身体的角度、手型要求、眼神方向、语气表情等方面。

(2)九宫格训练:按照上中下、左中右的规律划分为九个方向,跟随口令,动作规范地准确指示出相应方位。

三、训练评价

1. 评价要求

(1)动作规范、准确、协调。

(2)能够在相应的客运工作情景中选择恰当的指示服务手势。

(3)个人训练时能够克服畏难情绪,关注整体体态的视觉美感。

(4)团队训练时能够整齐划一,发扬吃苦耐劳的工作作风,树立精益求精的工作态度。

2. 评价内容

评价内容见表 5-5-1。

表 5-5-1　指示服务手势训练自评/互评工单

姓名:______　　地点:______　　时间:______

训练任务	考查要点	分值	个人评分(30%)	组内评分(30%)	教师评分(40%)	最终得分
指示服务手势训练	斜臂式动作规范	20				
	屈臂式动作规范	20				
	高位式动作规范	20				
	精神面貌饱满	20				
	小组完成协调统一	20				
合计		100				

任务二　演示服务手势训练

为了给旅客介绍铁路运输企业的促销活动,普及高速铁路客运设施设备的使用和操作方法,或演示必要的安全逃生常识,服务人员需要经常做演示服务,并用演示服务手势配合语言进行表达。常用演示服务手势分为手持物品、展示物品与递接物品手势三种。

一、训练要领

1. 手持物品手势

服务人员用手提拿工作物品或为手持物品的旅客提供帮助时,首先要做到稳妥自然,即根据自己的能力和物品的需要,采用拿、捧、拎等不同的方式,姿势自然,确保物品、旅客及自己的安全,避免损坏物品、伤害旅客或自己。其次要做到准确卫生,即要根据物品的需要,准确把握提拿的最佳位置,同时注意手部的卫生,给旅客留下良好的印象,如图 5-5-4 所示。

图 5-5-4　手持物品手势

2. 展示物品手势

为了与旅客达到好的互动演示效果,应注意以下三点:

(1)语言动作标准。

演示时,无论是口头介绍还是动手操作都要符合实际。

口头介绍要口齿清晰，语速舒缓；动手操作要熟练利索，演示速度适中，并进行必要的重复以加深旅客的印象。

(2)便于旅客观看。

演示时要将被介绍的物品正面面向旅客，让旅客有足够观看时间。当四周旅客较多时，还需要变换不同的角度进行演示或多次演示。

(3)演示服务手势正确。

演示设施设备的操作方法，应在身体一侧进行展示，不能挡住物品；单手五指合拢，掌心面对旅客与地面形成45°角，五指指尖指示介绍位置。

展示小件物品可灵活采用以下三种方式：被人围观时应将物品举至高于眼睛上方展示，如图5-5-5(a)所示；给较近距离的旅客展示时应遵循“上不过眼，下不过胸，左右不过肘”的原则，如图5-5-5(b)所示；给远距离的旅客展示时应遵循“上不过眼，下不过胸，左右伸直过肘”的原则，展示时物品不可挡住头部，如图5-5-5(c)所示。

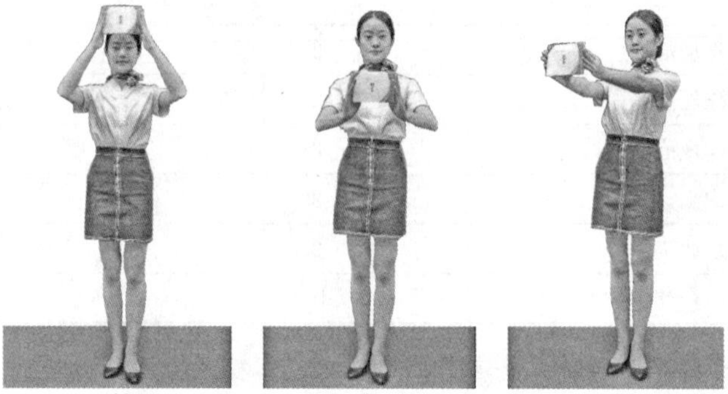

(a) (b) (c)

图5-5-5　演示服务手势

3. 递接物品手势

在递接物品时应面带微笑，采用走上前或前倾身体表达出“主动”的意愿，然后用双手递接，表示对旅客的尊重，同时应注意方便旅客接纳。

(1)递送票据。

递送单据给旅客时，用双手握住文件前端，字朝对方，齐胸送出；需要对方签字或着重阅读某个部分时，应着重指示给对方，同时用语言准确表达。

(2)递送笔或剪刀。

递送笔或剪刀给旅客时，将手柄一端朝向对方，方便旅客接拿；若是尖锐锋利之物，要用语言提醒旅客小心使用。

(3)接取旅客递来的物品。

接取旅客递来的物品时，当对方递过物品再前去接取，切勿急不可耐地直接从对方手中抢取。应当目视对方，而不要只顾注视物品，要用双手接至齐胸高度，必要时，应当起身而立，并主动走近对方。

在特殊情况下，无法用双手接取物品时，应该使用右手接取，切忌单用左手接取物品，如图5-5-6所示。

图5-5-6　递接物品手势

4. 演示服务手势注意事项

(1)客运服务人员在使用指示手势时不能用单个手指对旅客指指点点，此种手势可能被误解为含有教训人的意味，是非常不礼貌的举动。

(2)掌心向下的手势可能传达出不够坦率、缺乏诚意的信息，因此，客运服务人员应使用手掌且掌心面向旅客来进行服务，体现对服务对象的尊重。

(3)服务旅客时，不能紧攥拳头，此类手势可能暗示愤怒、进攻或自卫。与旅客沟通时，双手应自然张开或弯曲，营造轻松、坦诚的服务气氛。

(4)服务过程中，客运服务人员，应避免频繁地用手挠后脑、抓耳垂或搓手，这些动作可能会给人留下不够成熟和稳重的印象。

(5)双手插于口袋，可能会让旅客产生被轻视、不被尊重的感觉。

客运服务人员运用手势时要注意与眼神、表情、礼节相配合，才能使旅客感觉到真正“感情投入”的热诚服务。

二、训练内容

(1)按照动作要领进行规范的演示服务手势训练。

(2)在规定的服务场景下，采用拿、捧、拎等不同的方式，递接票据、文件、剪刀、笔等物品。

(3)在规定的服务场景下，为不同方位、不同距离的旅客进行物品展示。

三、训练评价

1. 评价要求

(1)动作规范、准确、协调。

(2)能够在相应的客运工作情景中选择恰当的演示服务手势。

(3)个人训练时能够克服畏难情绪，关注服务手势的视觉美感。

(4)团队训练时能够整齐划一，发扬吃苦耐劳的工作作风，树立精益求精的工作态度。

2. 评价内容

评价内容见表 5-5-2。

表 5-5-2　演示服务手势训练自评/互评工单

姓名：________________　　地点：________________　　时间：________________

训练任务	考查要点	分值	个人评分(30%)	组内评分(30%)	教师评分(40%)	最终得分
演示服务手势训练	手持物品规范	20				
	展示物品规范	20				
	递接物品规范	20				
	精神面貌饱满	20				
	小组完成协调统一	20				
合计		100				

项目六　高速铁路客运服务人员表情训练

任务引入

人的表情主要体现在眼神和微笑两个方面。眼神是指人们在交往中通过视线接触所传递出的信息，眼神在高速铁路客运服务工作中发挥着重要作用。微笑在服务工作中能够迅速缩短服务人员与旅客之间的心理距离，创造出和谐、互尊、融洽的良好氛围。微笑面对旅客可以使其产生安全感和愉悦感，高质量的服务往往体现在真诚的微笑中。

请思考：

高速铁路客运服务人员在面对旅客时应流露出怎样的眼神？

任务一　眼神训练

一、训练内容

1. 方向的调整

(1)俯视(图 5-6-1)，目光向下注视对方，通常表示爱护、宽容。

(2)平视，目光与对方目光大致处于同一高度，通常表示平等、公正、自信，常见的有正平视(图 5-6-2)和侧平视(图 5-6-3)。

图 5-6-1　俯视

图 5-6-2　正平视

图 5-6-3　侧平视

(3)仰视(图 5-6-4)，目光向上注视对方，通常表示尊敬、期待。

2. 时间的控制

在工作交谈过程中，连续的目光接触时间一般为 1 s 左右。交谈中目光的相互接触时间通常占交往时间的 30%～60%。如果完全不看对方，只是倾听，则表示对谈话者的漠视或是因为自卑、紧张。

3. 注视部位

(1)公务注视(图 5-6-5):一般用于会议洽谈或磋商等场合,应注视对方额头与双眼之间的三角区域。

图 5-6-4 仰视

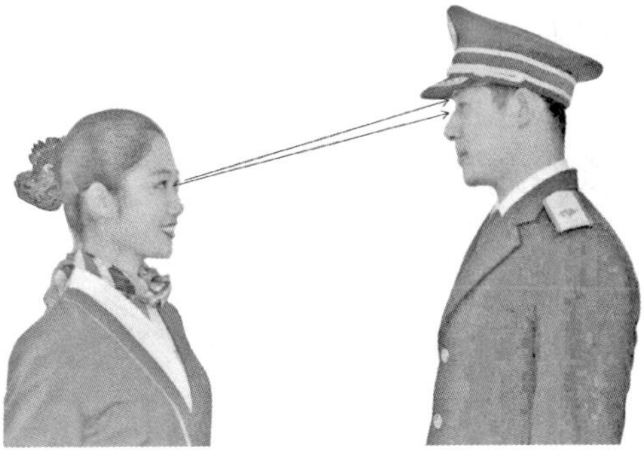

图 5-6-5 公务注视

(2)社交注视(图 5-6-6):一般用于舞会、酒会等社交场合,应注视对方嘴唇与双眼之间的三角区域。

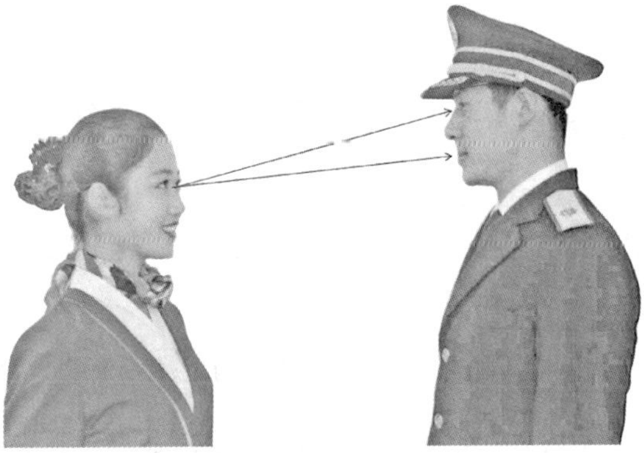

图 5-6-6 社交注视

4. 眼神禁忌

(1)切忌反复地从头到脚打量对方,这种眼神容易被认为是有意寻衅滋事。

(2)切忌盯住对方某一部位长时间“用力”地看,这可能被误解为有愤怒之意。

(3)切忌频繁眨眼,有失稳重,显得浮躁。

(4)切忌左顾右盼,这表示心神不定,用心不专。

二、训练内容

眼神目光标准:面对旅客,眼神和蔼柔和、目光友善,自然真诚。眼睛要礼貌地注视旅客,实现“三个度”。

(1)眼神的集中度。客运服务人员不能将目光长时间地集中在旅客的脸上或者身体的某一个部位。

(2)眼神的光泽度。客运服务人员应精神饱满,对旅客抱有足够的热情,在服务中保持神采奕奕的眼神。

(3)眼神的交流度。客运服务人员应该迎着旅客的眼神进行目光交流,传递对旅客的尊重,从对方的眼神中看出服务需求,主动帮助旅客解决问题。

三、训练评价

1. 评价要求

(1)掌握各种工作场景下的眼神交流方式,能够将表情、眼神和语态结合一起运用,能够流露出善意、阳光、温暖的眼神。

(2)学会心理调适,在工作情景下进行良好地表情管理,实现耐心、细心服务。

2. 评价内容

评价内容见表 5-6-1。

表 5-6-1　眼神训练自评/互评工单

姓名:________　　地点:________　　时间:________

训练任务	考查要点	分值	个人评分(30%)	组内评分(30%)	教师评价(40%)	最终得分
眼神训练	俯视、平视、仰视眼神正确	20				
	目光友善、和蔼	20				
	语言清晰、柔和	20				
	交流时眼神时间停留适当	20				
	整体表情和谐自然	20				
合计		100				

任务二　微笑训练

服务微笑应遵循主动、自然、真诚、健康、平等的原则,客运服务人员应保持自然、习惯的微笑表情。服务微笑的标准包括面目表情与声音语态两个内容。

一、训练要领

1. 面目表情

在接待旅客时,客运服务人员应自然、温和的表情,眉头自然舒展。嘴角微微上扬,伴随微笑自然地露出牙齿。微笑的关键不是露出牙齿的数量,而在于眼神中是否充满笑意。

2. 声音语态

客运服务人员的声音要清晰柔和,语速适中,充满热情和感染力。服务沟通时,语调应平和,语音温和,音量适中,沟通态度要诚恳,语句流畅,语气不卑不亢。

3. 服务微笑禁忌

(1)忌虚情假意、扭捏作态地笑。

(2)忌笑容夸张、露出牙龈哈哈大笑。

(3)忌左顾右盼、心不在焉地笑。

二、训练内容

(1)含箸训练法:利用筷子作为辅助工具,学会嘴角上扬。用门牙轻轻咬住筷子中部,通过镜子观察嘴角是否与筷子在同一高度;然后继续抬起笑肌,使嘴角逐渐高于筷子,比对镜子调整面部表情、眉毛、眼睛,呈现出和谐统一的美感。

(2)情绪记忆法:在工作需要微笑时,唤起记忆中最美好的情绪,积极调动好情绪,脸上自然会露出真诚的微笑。

(3)口型训练法:借助普通话中"茄子""姐姐""钱"等字词发音时的口型,与微笑的口型相呼应进行练习。

(4)肌肉记忆法:通过长时间的训练比对,找到最能展现自己甜美、优雅、热情的笑容,进行肌肉训练,每次保持 10 s,形成服务微笑的肌肉记忆。

微笑是人际交往中最具吸引力的一种表情,能够营造温馨、亲切的交往氛围。微笑也是高速铁路客运服务行业的通用"语言",能够有效缩短客运服务人员与旅客之间的心理距离,起到"无声胜有声"的作用。客运服务人员微笑着面对旅客,不仅是处理好与旅客之间服务关系的重要手段,也是自身职业素养的体现。在高速铁路客运服务场景中,微笑服务是客运服务人员的基本素质之一。客运服务人员用微笑与服务语言、服务行为相互配合,能够带给旅客更佳的旅行体验。

三、训练评价

1. 评价要求

(1)掌握微笑的面目表情、眼神目光和声音语态的训练方式。

(2)学会心理调适,在各种情况下都可以展现发自内心的微笑服务。

2. 评价内容

评价内容见表 5-6-2。

表 5-6-2　微笑训练自评/互评工单

姓名:________________　　地点:________________　　时间:________________

训练任务	考查要点	分值	个人评分(30%)	组内评分(30%)	教师评价(40%)	最终得分
微笑训练	笑容自然、温和、真诚	20				
	目光友善、和蔼	20				
	语言清晰、柔和	20				
	语速适中	20				
	整体表情和谐自然	20				
合计		100				

项目七　高速铁路客运服务人员行礼训练

任务引入

行礼训练主要涵盖客运服务人员在接待上级、来宾、旅客等来访时的服务礼仪内容，主要包括鞠躬礼、握手礼等训练内容。铁路运输企业不仅是城市交通服务能力的重要窗口，更是国家形象的代表。因此对高速铁路客运服务人员的接待能力也有着很高的职业要求。

请思考：

高速铁路客运服务人员的礼仪接待能力除展示企业形象外，还体现了什么？

任务一　鞠躬礼训练

鞠躬礼是指通过躬身来表达敬重或感谢之意，因此也被称为躬身礼。在现代生活中，人们用弯曲腰部的方式来表达对地位高者的尊敬，在客运服务工作中，鞠躬礼成为表达对服务对象的尊重的常用礼节。

一、训练要领

1. 鞠躬礼规范

行鞠躬礼（图 5-7-1）时距对方 2～3 m，身体立正，面对旅客，目光平视，自然微笑；男性服务人员双手自然下垂，贴放于身体两侧裤线处，女性服务人员将双手搭放在小腹；以腰为轴，头部、颈部、背部、腰部保持在一个平面，身体前倾一定的度数，前倾到位后停留 2～3 s 再直立上身；目光从注视对方到随身体前倾角度正常下移，鞠躬同时致以问候语言。

图 5-7-1　鞠躬礼

2. 鞠躬礼分类

鞠躬礼按照上身倾斜角度的不同，可将鞠躬礼分为 15°鞠躬礼（欠身礼）、30°鞠躬礼和 45°鞠躬礼。

（1）15°鞠躬礼（图 5-7-2）：用于一般场合，如问候旅客、迎送上车等场合，有礼貌和尊重之意。

（2）30°鞠躬礼（图 5-7-3）：用于正式场合，如对特殊旅客问候，感谢旅客对服务工作的肯定，或在服务工作不到位时对旅客表示歉意等，表达敬意。

（3）45°鞠躬礼（图 5-7-4）：用于重要场合，如遇领导检查工作时的礼节问候，表达敬礼。

鞠躬礼一般只有一鞠躬，只有在特殊场合下才进行三鞠躬的大礼，表示深度敬意或者道歉。

3. 鞠躬礼仪注意事项

（1）行鞠躬礼时忌眼睛盯着对方看或看别人。

（2）行鞠躬礼时忌嘴里咀嚼东西或吸烟。

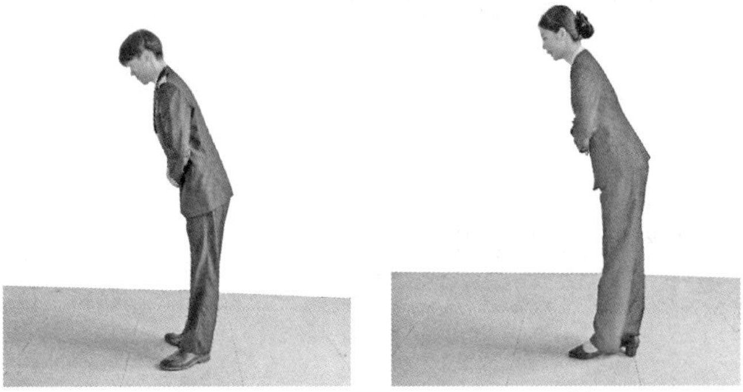

(a) (b)

图 5-7-2 15°鞠躬礼

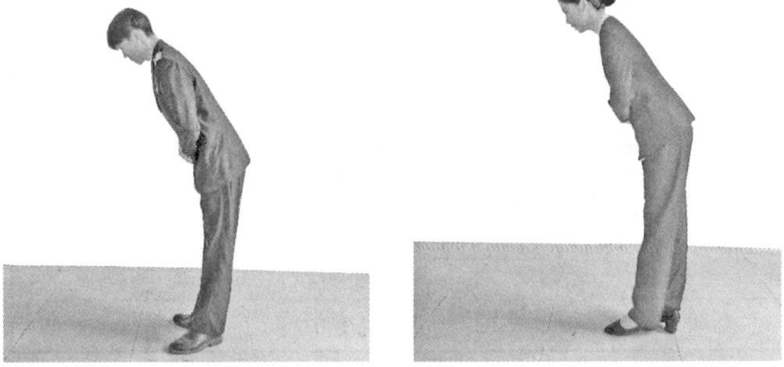

(a) (b)

图 5-7-3 30°鞠躬礼

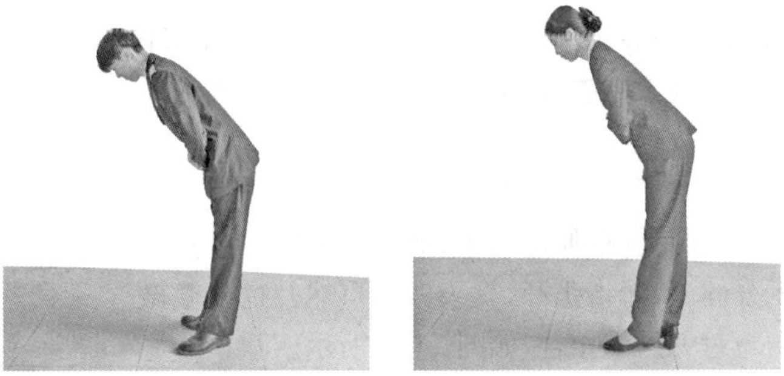

(a) (b)

图 5-7-4 45°鞠躬礼

(3)行鞠躬礼时忌扭捏作态、装模作样。

(4)行鞠躬礼时要站立行礼,如在座位上看到宾客、领导、旅客时应起身行礼。

(5)行鞠躬礼时忌弯腰弓背。

二、训练内容

(1)始发站作业立岗引导15°鞠躬礼,并伴随“您好！欢迎乘坐本次列车!”的问好。

(2)途中作业专项服务30°鞠躬礼,并伴随“您好！请问有什么需要帮助吗?”的问询。

(3)终到作业立岗送客45°鞠躬礼,并伴随“您好!祝您旅途愉快!”的问候。

三、训练评价

1. 评价要求

(1)掌握鞠躬礼的规范。

(2)不同岗位情景下恰当运用鞠躬礼。

(3)学会调整心态,以礼待客。

2. 评价内容

评价内容见表5-7-1。

表5-7-1 鞠躬礼训练自评/互评工单

姓名:________ 地点:________ 时间:________

训练任务	考查要点	分值	个人评分(30%)	组内评分(30%)	教师评分(40%)	最终得分
鞠躬礼训练	动作准确	20				
	角度正确	20				
	有问候语	20				
	表情自然	20				
	动作整齐	20				
合计		100				

任务二 握手礼训练

无论在日常生活还是服务场合中,握手都是一项重要、通用且讲究的见面礼节。握手训练主要包含以下三种因素:握手姿势、握手时间长短、握手力度。

一、训练要领

双方在相互问候的同时各自伸出右手,彼此间保持一步左右的距离,手略向前下方伸出,拇指张开,其余四指自然并拢并微微弯曲,以手掌和手指与对方的手扣合,如图5-7-5所示。

伸手时稳重、大方,不能给人以迟疑的感觉,态度亲切、友善、热情。右手握手时左手自然垂放于体侧,以示用心专一。

一般情况下应当以站立姿态握手,上身向前微倾,面带微笑,注视对方眼睛的同时说“您好”“见到您很高兴”“欢迎您”等问候语。

图5-7-5 握手礼姿势

握手时应上下微摇,以示热情,但不要左右晃动或一动不动。对尊敬的长者,可以用双握式,即右手紧握对方右手的同时再用左手加握对方的手背或前臂,以示敬意有加。

二、训练内容

1. 握手顺序

握手的顺序一般根据握手双方的社会地位、年龄、辈分、性别和宾主关系来确定，遵循“尊者决定”的原则，即尊者先伸手才能相握。

(1)职业场合下，上级与下级之间，应是上级先伸手，下级先问候，待上级伸手后才能相握。

(2)社交场合下，男士与女士之间，应是女士伸手后，男士才能相握，如女士无握手之意，男士可点头或鞠躬致意。

(3)接待贵宾到访时，接待方应先伸手表示欢迎，贵宾告辞时，应由贵宾先伸手表示辞行，接待方才能相握，否则有逐客之嫌。

(4)如有必要与多人握手时，应按先尊后卑依次进行，以职务和辈分为准。

如果在公共场合，对方忽视了握手礼的先后顺序而先伸出手时，应毫不犹豫地立即回握。

2. 握手时间

握手时间的长短应根据握手的对象、场合和情绪的不同而作出调整。通常握的时间太长容易让对方感到局促不安，太短则显得敷衍了事，一般以 2～3 s 为宜。初次见面时以 3 s 左右为宜。多人相聚握手时应分配好时间，以免出现冷落其他人的误会。与异性握手时时间不宜过长，以免对方尴尬。

3. 握手力度

握手力度要适中，以有力牢固又不让对方感到疼痛为宜，一般控制在 40 N 以内。握力过重、抓得过紧会显得过分热情，有虚情假意之嫌；握力过轻又有敷衍了事、妄自尊大之嫌。社交场合下男性与女性握手可以轻握女性四指即可，在职业场合异性握手则需要手掌相握。

4. 握手礼仪注意事项

(1)在客运服务场合与旅客握手时，无论表达欢迎、感谢、问候或者道别，都要用右手握手，忌滥用双握式，忌握时过长，忌用力不当，忌掌心向下，忌软弱无力相握。

(2)握手时应注视对方，微笑致意或问好，忌握手时目光游移，忌与多人握手时交叉相握。

(3)握手忌不讲先后顺序、抢先出手。

(4)握手忌把另一只手放在口袋中。

(5)忌戴手套、墨镜握手。

(6)在任何情况下拒绝对方主动要求握手的举动都是无礼的。

(7)当手上有水或不干净时应当谢绝握手，同时解释并致歉。

(8)忌与对方刚握完手就拿出手绢擦拭。

三、训练评价

1. 评价要求

(1)掌握握手礼的顺序、时间及力度。

(2)模拟服务场景，进行握手礼训练。

(3)学会调适心态，以礼待客。

2. 评价内容

评价内容见表 5-7-2。

表 5-7-2　握手礼训练自评/互评工单

姓名：________　　地点：________　　时间：________

训练任务	考查要点	分值	个人评分（30%）	组内评分（30%）	教师评分（40%）	最终得分
握手礼训练	动作准确	20				
	力度适中	20				
	时间适中	20				
	表情自然	20				
	有问候语	20				
合计		100				

学习小结

高速铁路客运服务人员站、行、坐、蹲、服务手势、表情管理、行礼规范是该模块的重点学习内容，是从业人员职业技能与职业素养的重要表现形式，也是体现铁路运输企业服务质量的重要标准。

知识拓展

铁路客运岗位规范——动力集中型动车组列车列车长作业流程

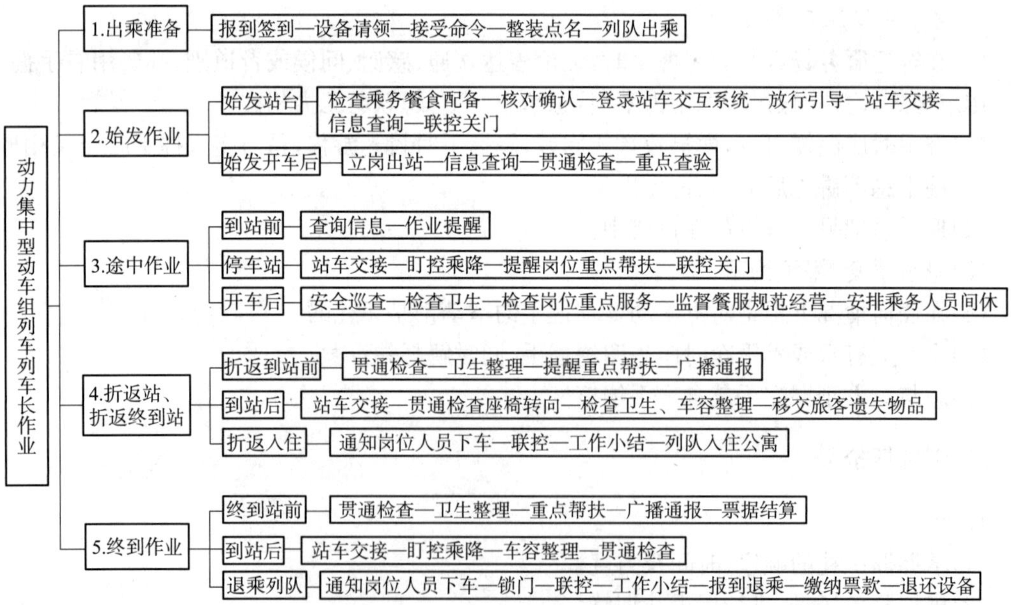

铁路客运服务先锋

“西铁十大楷模”司石海

司石海同志是西安局集团公司西安客运段动车三队众多优秀列车长中的代表。他于1996年12月参军，1999年7月加入中国共产党，2000年10月参加铁路工作。日常工作中，他始终以一名合格党员及优秀列车长的标准严格要求自己。司石海同志立足本职，兢兢业业，干好自己的本职工作，发挥好“高铁先锋”三亮四好引领作用，圆满地完成每一趟高速动车组列车运输服务工作。司石海同志带领班组全员，以国铁集团、西安局集团公司“三个出行”为工作目标，践行“您的出行，有我”的服务承诺，落实“五五九”工作法，打造“长安诚·西客情”的服务品牌，满足旅客出行需求，提升旅客出行体验，创建精致的服务品牌。

在长达数十年的动车组列车长岗位工作中，司石海同志摸索总结出了一套独特的工作方法——“1234”工作法，即“一条主线、两个重点、三个到位、四个及时”。“一个主线”是以安全运输为底线。“两个重点”是出乘前重点研判工作风险，途中检查落实重点工作。“三个到位”是始发、途中、终到把三关，一是出乘前消防设施、服务设施、应急备品检查关；二是用电设备、电源使用盯控关；三是落实标准做好安全宣传，杜绝行李砸伤、烫伤，摔伤，把控隐患关。“四个及时”是突发事件到场了解处置及时不盲目；旅客疑难问题回答解释及时不拖拉；重点旅客服务及时不遗漏；重要问题上报及时不隐瞒。

2020年，司石海同志因工作表现突出被国铁集团评为“优秀共产党员”，被西安局集团公司评为“西铁十大楷模”先进人物和“先进生产者”等。

这是个需要英雄的时代，民族脊梁就是时代榜样。崇高品德需要发扬，榜样有无穷的力量带给我们温暖鼓舞和启迪，让我们向榜样学习！

同步思考与技能训练

1. 简述男士、女士服务站姿的种类、动作规范和适用场景并进行服务站姿训练。
2. 简述男士、女士服务行姿的动作规范并进行服务行姿训练。
3. 简述男士、女士服务坐姿的种类、动作规范并进行服务坐姿训练。
4. 简述服务蹲姿的种类、动作标准与注意事项并进行服务蹲姿训练。
5. 简述鞠躬礼的种类、动作标准和注意事项并进行鞠躬礼训练。
6. 简述握手礼的动作标准和注意事项并进行握手礼训练。
7. 设定工作场景和服务内容进行表情与微笑训练。

参 考 文 献

[1] 孙国荣,余美玉.大学生舞蹈教学指导[M].上海:上海音乐出版社,1998.

[2] 刘志红.形体训练教程[M].2版.北京:高等教育出版社,2009.

[3] 陈学文.形体训练教程[M].重庆:重庆大学出版社,2010.

[4] 田畑泉.终极运动健身方案:TABATA 训练法[M].曹振波,范翔,高雪蕾,译.北京:高等教育出版社,2016.

[5] 洪涛.空乘人员形体及体能训练[M].3版.北京:旅游教育出版社,2014.

[6] 张桂兰.形体训练[M].北京:国防工业出版社,2010.

[7] 杨坤.芭蕾形体训练教程[M].北京:高等教育出版社,2009.

[8] 曹耿献.舞蹈鉴赏[M].西安:陕西人民出版社,2014.

[9] 高职高专规划新教材编审委员会.大学生音乐欣赏[M].长春:吉林大学出版社,2010.

[10] 胡恒超.HIIT 从入门到精通:经典型、反复冲刺型及 TABATA 训练法[M].北京:人民邮电出版社,2022.